Habillez vos fenêtres

Marie Gouny

Habillez vos fenêtres

25 modèles de rideaux

Photographies
de Christophe Dugied

Dessins aquarellés d'Huguette Weill

ARTS D'INTÉRIEURS
ARMAND COLIN

DMC

À ceux que j'aime

ISBN : 2-84229-013-5
Code éditeur : I00013

Armand Colin/Arts d'intérieurs, 12, avenue d'Italie, 75013 Paris

Sommaire

Introduction 7

Les transparents, voiles, mousselines, organdis... 9

La chambre de Petit Pierre : Les losanges d'organdi 11

La lingerie : Les panneaux de plumetis 15

Le bureau de madame : Mousseline avec trois plis de métis 19

La sieste du jardinier : Les broderies anciennes 23

L'anniversaire : Flots de gaze de lin, boutons de nacre et ficelle à profusion 27

Les toiles lourdes, broderies et lacets 31

L'installation : Les croisillons de lacets 33

Les jeux d'Emma : Les étoiles rouges 37

L'antichambre : Les chardons noirs 41

La chambre improvisée : Les damiers de lin et de mousseline brodée 45

Le balcon sur la campagne : Les étoiles dorées 49

Les soies, les taffetas, les changeants 53

Le salon d'été : Taffetas aux couleurs tendres 55

Le bureau sous les toits : Petit écossais de taffetas et lin 59

La salle d'attente : Soie grège imprimée de noir, bordure rouge 63

Le bureau de monsieur : Rayures de soie grises et grèges 67

La chambre du voyageur : Cotons changeants bleus et verts 71

Les doublés, les réversibles 75

La salle à manger aux perdrix blanches : Satinette blanche à plis religieuse et lin blanc 77

La salle à manger pour petit déjeuner : Gaze de lin brodée d'abeilles 81

Le boudoir : Lin sable et imprimé jaune et rouge (deux versions) 85

Le cellier : Toile écrue et toile imprimée de fruits et fleurs 91

La pièce aux poires : Rayures de fleurs et organdi 97

Les portières et les petits rideaux... 101

La salle de bains aux coquillages : Toile de mer 103

L'atelier de Marie : Mousseline blanche et dentelle ancienne 107

La table aux roses : Soie rose et mousseline écrue 113

La cuisine et la théière bleue : Oiseaux bleus brodés sur lin gris 117

Le petit déjeuner : Portière jaune et verte 121

Quelques conseils techniques 124

Référence des tissus utilisés 128

Adresses des fournisseurs 129

Remerciements 133

Introduction

Les rideaux charment nos fenêtres. Ils les voilent, les colorent, les chauffent ou les réchauffent. Chaque étoffe personnalise nos maisons, change l'ambiance, modifie l'humeur. C'est une couture longue et délicate, mais facile. Les métrages, souvent importants, nous demandent parfois d'être téméraires. Mais quel plaisir d'accrocher tous ces mètres de tissu que nous venons de broder, ourler, froncer, piquer, bouillonner...

Laissons le vent et la lumière jouer avec les étoffes. Ouvrons et tirons nos rideaux au fil des journées, au fil des saisons ; leur crissement sera l'assurance qu'ils sont bien là. Voiles diaphanes, lourdes draperies, taffetas soyeux, chacun pare nos fenêtres en apportant sa vie, sa particularité. Qu'ils nous étonnent ou nous enchantent, je crois que nous les aimons tous.

C'est l'expérience qui nous apporte la sûreté et la précision de notre travail. Nos premiers ouvrages ne seront peut-être pas parfaits, mais l'essentiel est de coudre, de « faire ». Les réalisations impeccables viendront ensuite, ouvrage après ouvrage ; les piqûres seront plus sûres, le travail plus rapide, mais l'envolée du tissu sera toujours là : son gonflant, son craquant, sa fluidité, sa noblesse ou sa légèreté.

Soyons persuadées que nos fenêtres, parées de mille étoffes, seront le départ du style de notre décoration, c'est très important.

Admirons nos œuvres et pensons en souriant à cette phrase de Guy de Maupassant (*Pierre et Jean*) :

Les rideaux blancs immaculés avaient des plis si droits et si réguliers qu'on avait envie de les friper un peu...

Les transparents, voiles, mousselines, organdis...

Les voiles devant une fenêtre apportent de la magie à la lumière.

Chaque objet prendra de la douceur, les couleurs seront plus tendres ; s'il y a des peintures dans cette pièce, leur harmonie en sera plus belle.

Plus le tissu est froncé, plus la vue sera masquée et plus la lumière sera apaisée. Avec un voile écru, la lumière sera très chaude, très dorée, comme ensoleillée.

Ces voiles seront très mobiles, pouvant aller à gauche ou à droite, se relevant, s'enroulant, généreux ; servant d'écran aux regards indiscrets, ou, fenêtre ouverte, devenant un pare-soleil.

Le soir, l'hiver, ils cachent les volets.

Ils se marient avec tous les doubles rideaux, la douceur de leur couleur s'harmonise facilement à toutes les autres couleurs, mais il faut choisir, tantôt l'écru, tantôt le blanc en fonction du fond, cela pour les imprimés, les fleurs, les rayures ou les écossais. La doublure des doubles rideaux sera aussi écrue ou blanche.

La chambre de Petit Pierre

Du blanc, du blanc, que du blanc pour cette chambre de bébé. Le lit, les draps, la couette et les rideaux, tout est blanc. L'ambiance est douce ; le craquant de l'organdi se marie à la raideur des petits nœuds chapeliers qui chapeautent le haut des losanges et maintiennent les liens.

Ces voiles sont noués directement sur la tringle. Ils sont presque fixes. Pour plus de mobilité, des anneaux seront glissés sur la tringle et les voiles noués sur les anneaux. Cette très large fenêtre s'accommode de deux panneaux. Une fenêtre plus petite demandera un seul morceau. Les carrés posés en losange ornent le haut. Le reste de ces rideaux est très simple, de tout petits ourlets seulement.

Ah ! la douce fraîcheur d'un verre de lait…

Les losanges d'organdi.

Haut du rideau posé sur la rambarde. Des petits anneaux laqués blancs sont noués avec les liens.

Réalisation

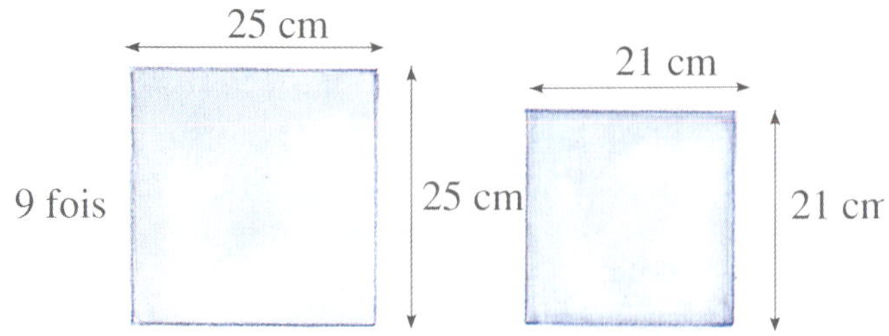

1. Couper dans l'organdi des carrés de 25 x 25 cm : neuf fois pour un panneau, dix-huit fois pour deux panneaux. Sur les quatre côtés, faire un petit ourlet de 1 cm à la machine.

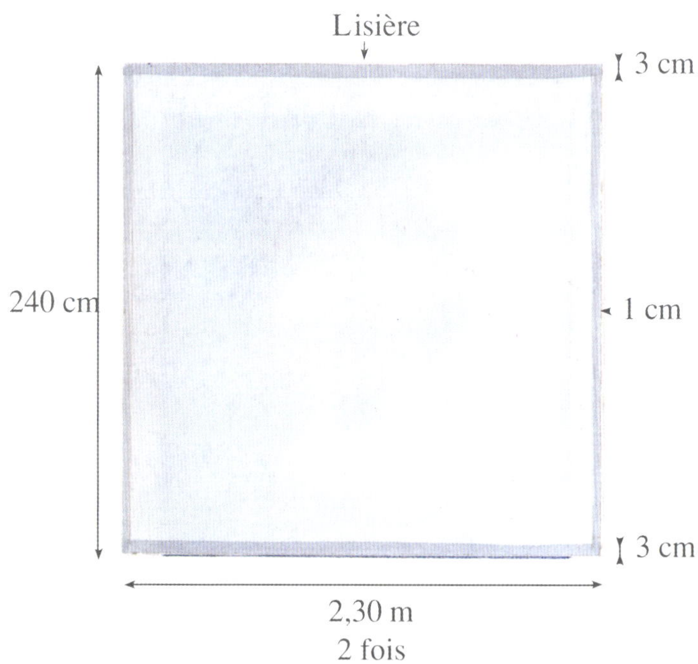

2. Couper deux fois 2,30 m. Ourler sur les quatre côtés. En haut et en bas, faire un ourlet de 3 cm ; sur les côtés, faire un ourlet de 1 cm.

Fournitures

Pour deux panneaux de 2,30 m de largeur, soit 4,60 m :

- Organdi blanc : 5,10 m en 240 cm de largeur.
- Sergé blanc en 2 cm de largeur : dix-huit fois 80 cm, soit 14,40 m pour les liens ; et dix-huit fois 12 cm, soit 2,16 m pour les nœuds, au total 16,56 m.
- Fil DMC 100 % coton pour tissu épais n° 50, coloris blanc.

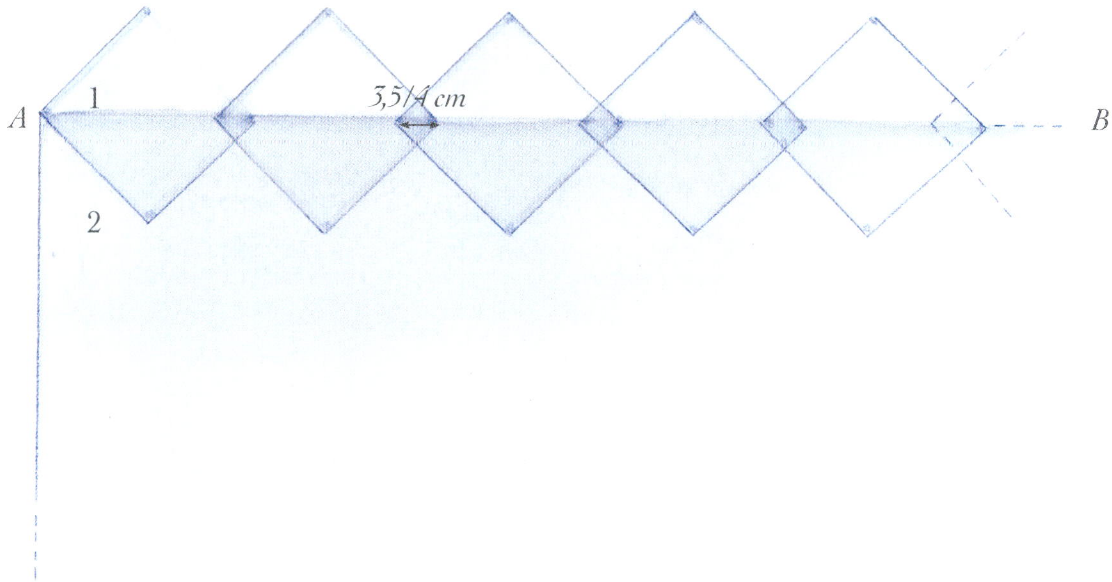

3. Placer les carrés en losange en les superposant de 3,5/4 cm, puis les maintenir par une piqûre à la machine de A à B.

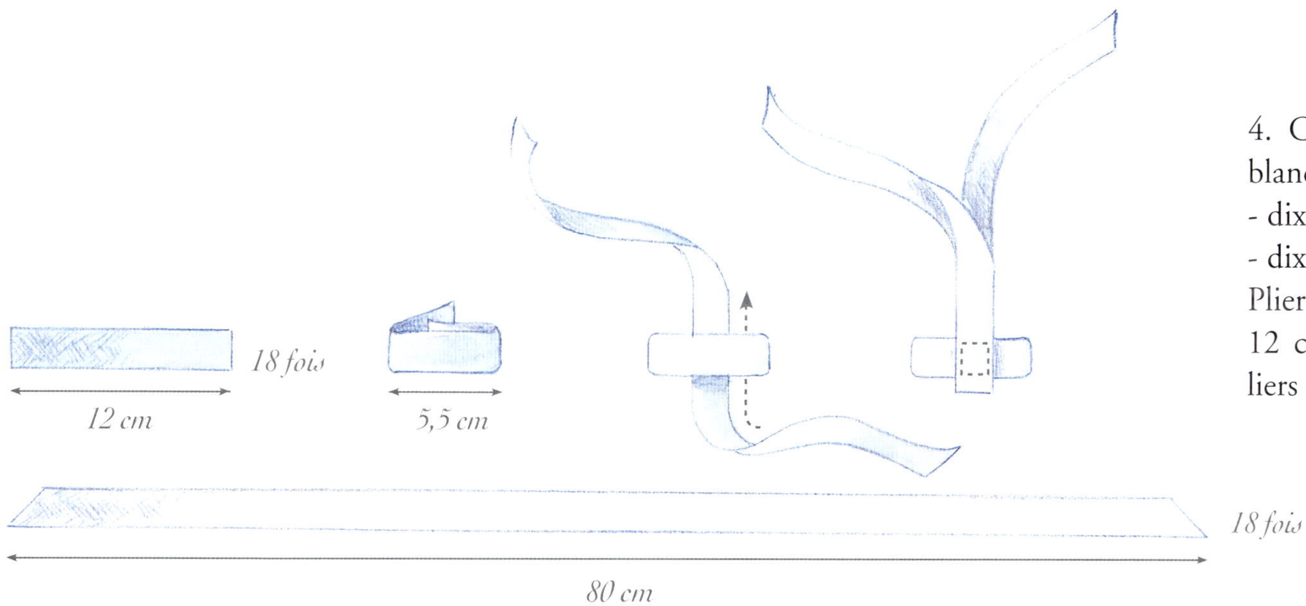

4. Couper dans le sergé blanc :
- dix-huit fois 12 cm ;
- dix-huit fois 80 cm.
Plier les dix-huit liens de 12 cm en nœuds chapeliers de 5,5 cm.

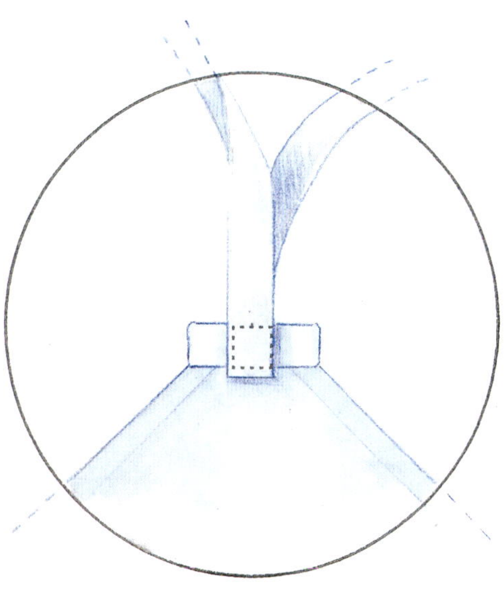

5. Maintenir les liens, par une piqûre à la machine, en carré sur le haut des losanges tout en glissant le lien de 80 cm, plié en deux.

La lingerie

La haute fenêtre de la lingerie est habillée de quatre panneaux étroits, très mobiles ; ils peuvent se nouer, s'entrelacer, passer sur la rambarde du balcon. Tout est blanc et clair dans cette petite pièce. Les blanchisseuses en rotin serviront à trier le linge : le linge à repasser, les pièces où il y a un petit point de couture à faire, un bouton à recoudre. Le linge repassé y sera posé, en piles joliment alignées. Les broderies du plumetis sont des petits rectangles. La tête de ces rideaux est étroite, en fine satinette blanche. Petits anneaux dorés sur une tringle en bois. Petits liens très fins.

Les panneaux de plumetis.

Liens nonchalants
noués sur petits anneaux dorés.

Réalisation

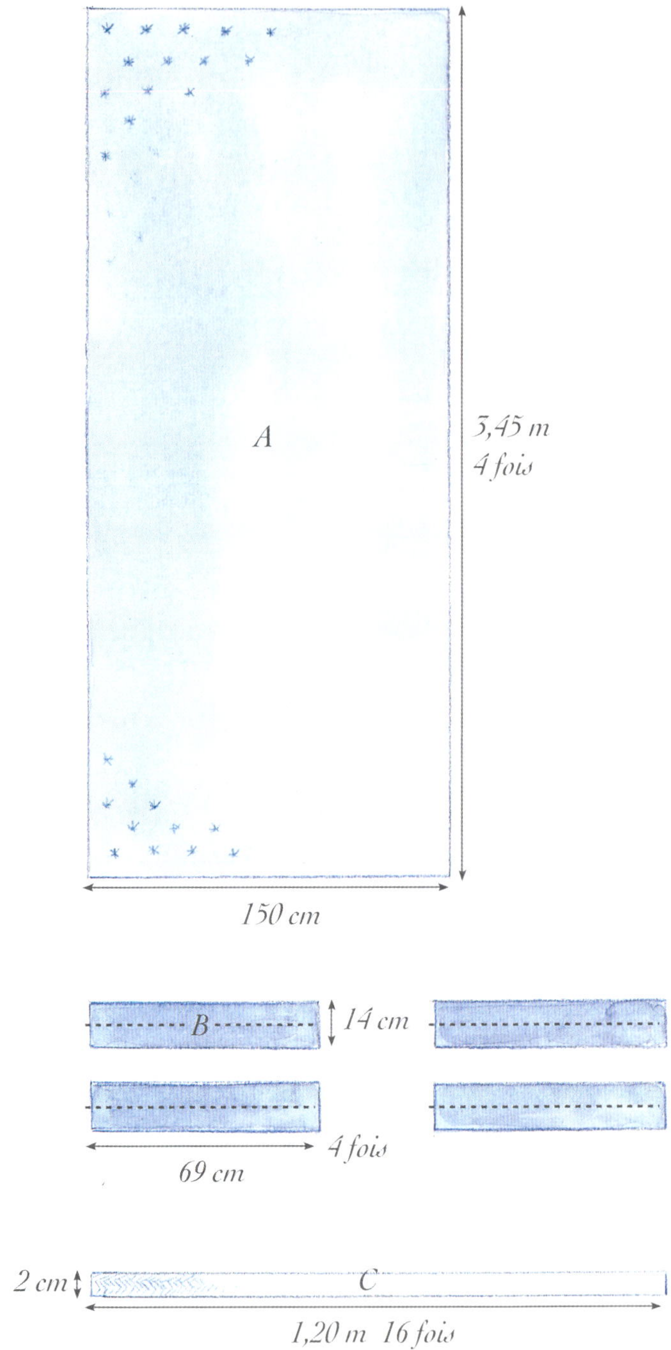

Fournitures

Pour quatre panneaux de 0,64 m de largeur sur 3,40 m de hauteur :

- Plumetis blanc : 13,80 m en 150 cm de largeur.
- Satinette blanche : 0,28 m en 160 cm de largeur.
- Sergé blanc en 2 cm de largeur : seize fois 1,20 m, soit 19,20 m, pour les liens.
- Fil DMC 100 % coton pour tissu épais n° 50, coloris blanc.

1. Couper :
Dans le plumetis, quatre fois 3,45 m x 150 cm (A).
Dans la satinette blanche, quatre fois 69 x 14 cm (B).
Dans le sergé blanc, seize fois 1,20 m (C).
Ourler le plumetis : sur les deux côtés, faire un ourlet de 1 cm ; dans le bas, faire un ourlet de 5 cm.

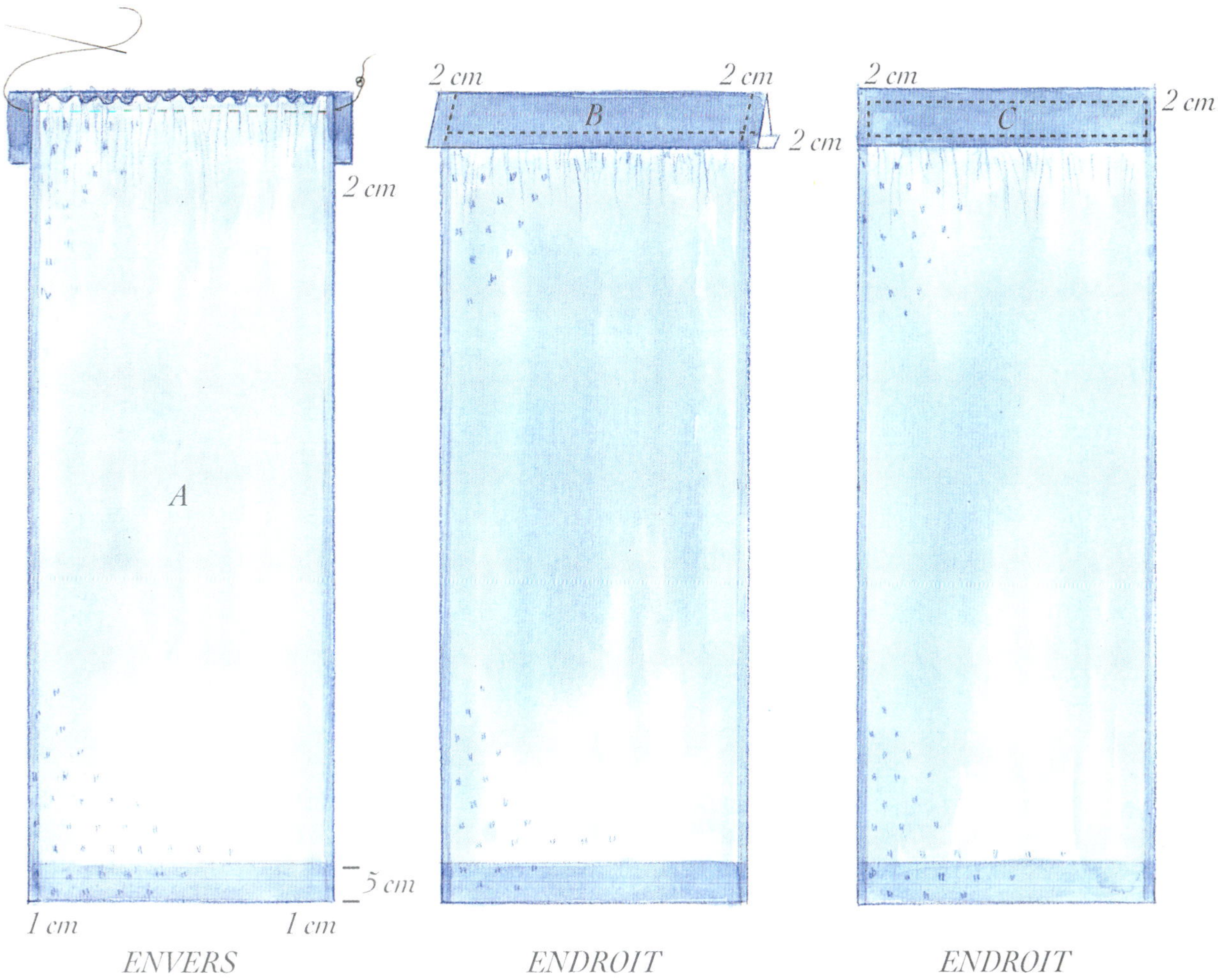

2. Froncer le plumetis sur la satinette en la laissant dépasser sur les côtés de 2 cm (A).
Plier tout autour 2 cm (B), et rabattre comme une ceinture de jupe. Piquer tout autour (C).

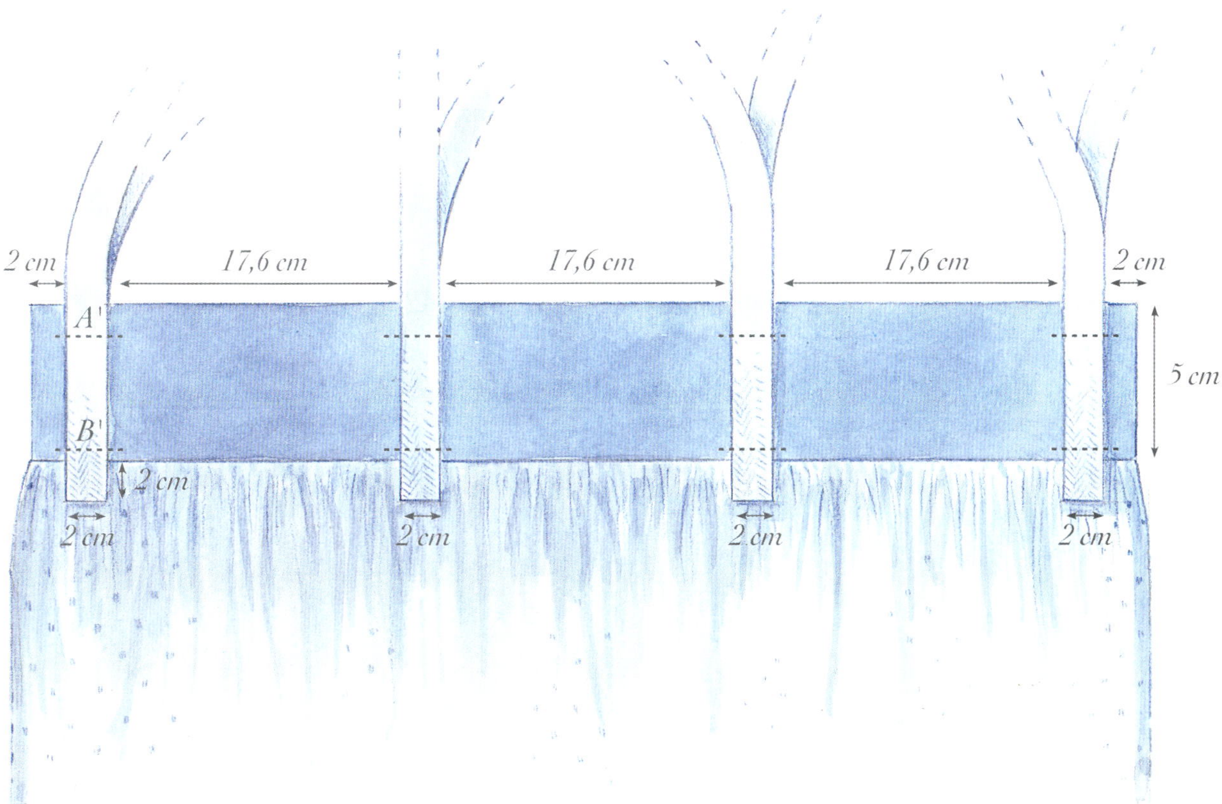

3. Placer les quatre liens en les pliant, puis les coudre à 2 cm de chaque bord.
Laisser dépasser 2 cm en bas. Piquer sur la satinette en A' et B'.

Le bureau de madame

Fenêtre large donnant sur le jardin. La table recouverte d'une nappe ajourée sert de bureau. Le rideau en mousseline légère casse généreusement sur le sol ; cet écran vaporeux invite au travail. Deux lampes coccinelle et un Roi mage veillent.
Sachets de lavande, pomme de buis, ambiance calme.
Le coloris écru de la mousseline réchauffe la pièce.
Le haut du rideau en métis écru, alourdi par trois plis religieuse, emprisonne les fronces. Les bords du rideau ont aussi des plis religieuse, mais beaucoup plus petits.
Liens assez longs et assez larges, noués sur des anneaux anciens en cuivre.

Mousseline avec trois plis de métis.

Trois petits plis sur les côtés.
Haut du rideau avec les mêmes plis, mais beaucoup plus importants. Ces plis, petits et grands, contrastent avec la fluidité de la mousseline.

Réalisation

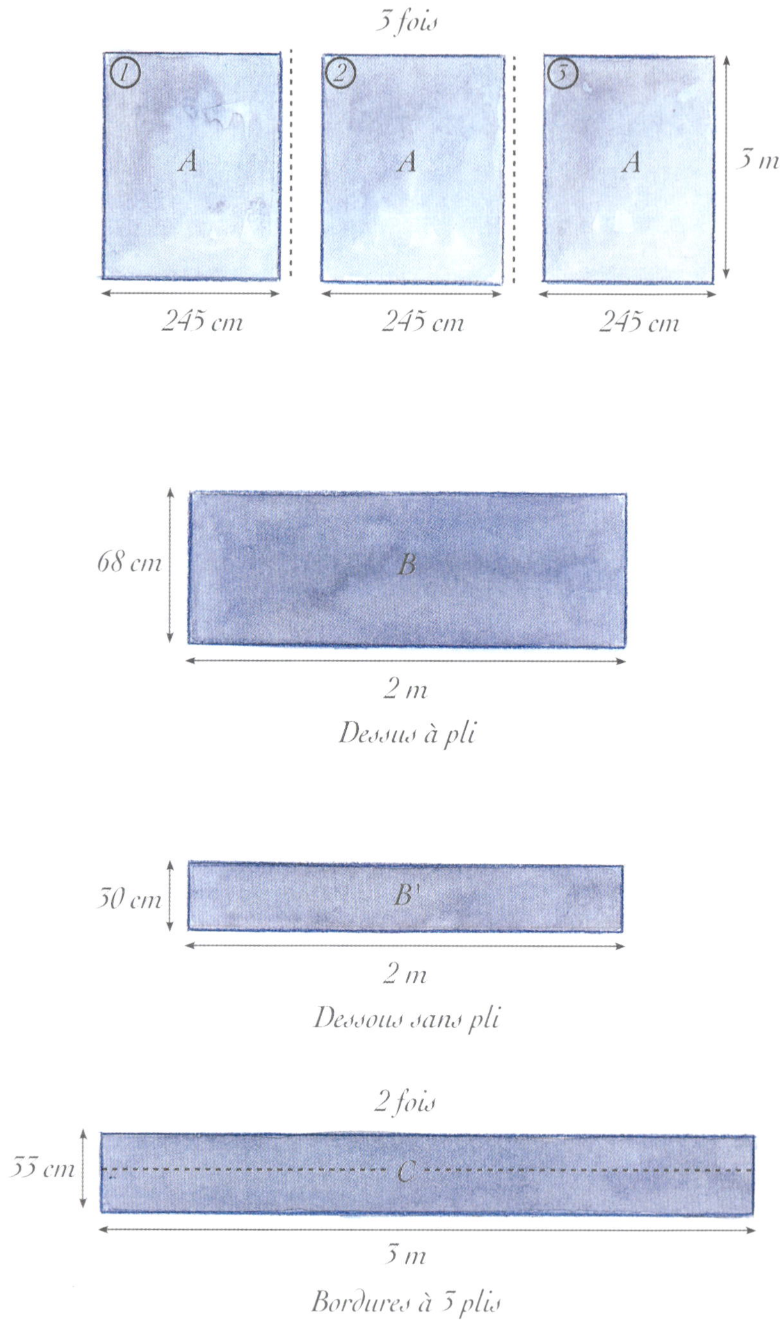

Fournitures

Pour un panneau de 1,90 m de largeur sur 3,10 m de hauteur :

- Mousseline de coton écrue : 9 m en 245 cm de largeur.
- Métis de coton écru : 1,90 m en 240 cm de largeur.
- Sergé écru en 2 cm de largeur : huit fois 80 cm, soit 6,40 m.
- Fil DMC 100 % coton pour tissu épais n° 40, coloris écru.

1. Couper trois fois 3 m de mousseline (A).
Pour le haut du rideau : couper une fois 2 m x 68 cm (B) en métis écru, et une fois 2 m x 30 cm, toujours en métis (B').
Pour les bordures, qui ont trois plis : couper deux fois 3 m x 33 cm de métis (C).
Coudre ensemble les trois lés de mousseline.

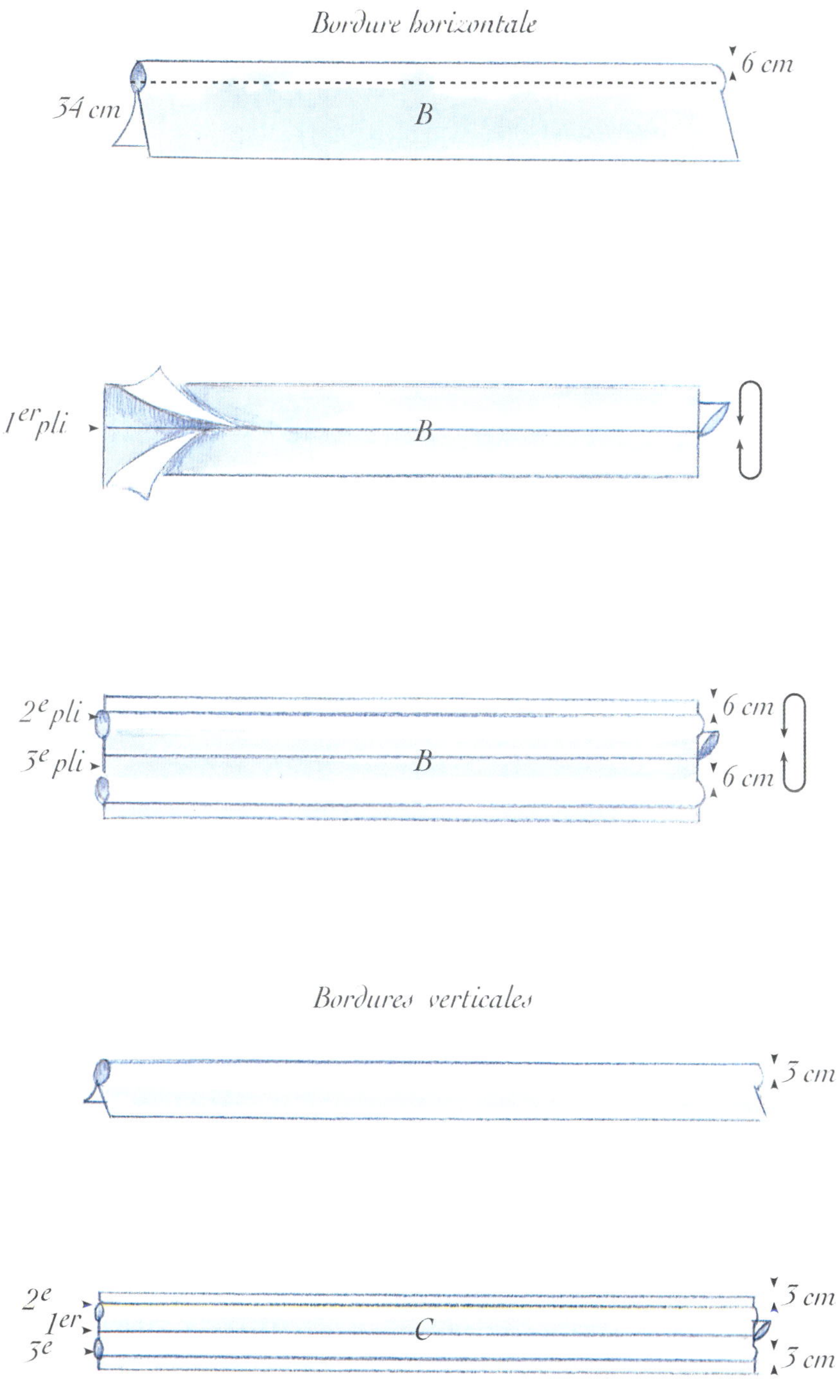

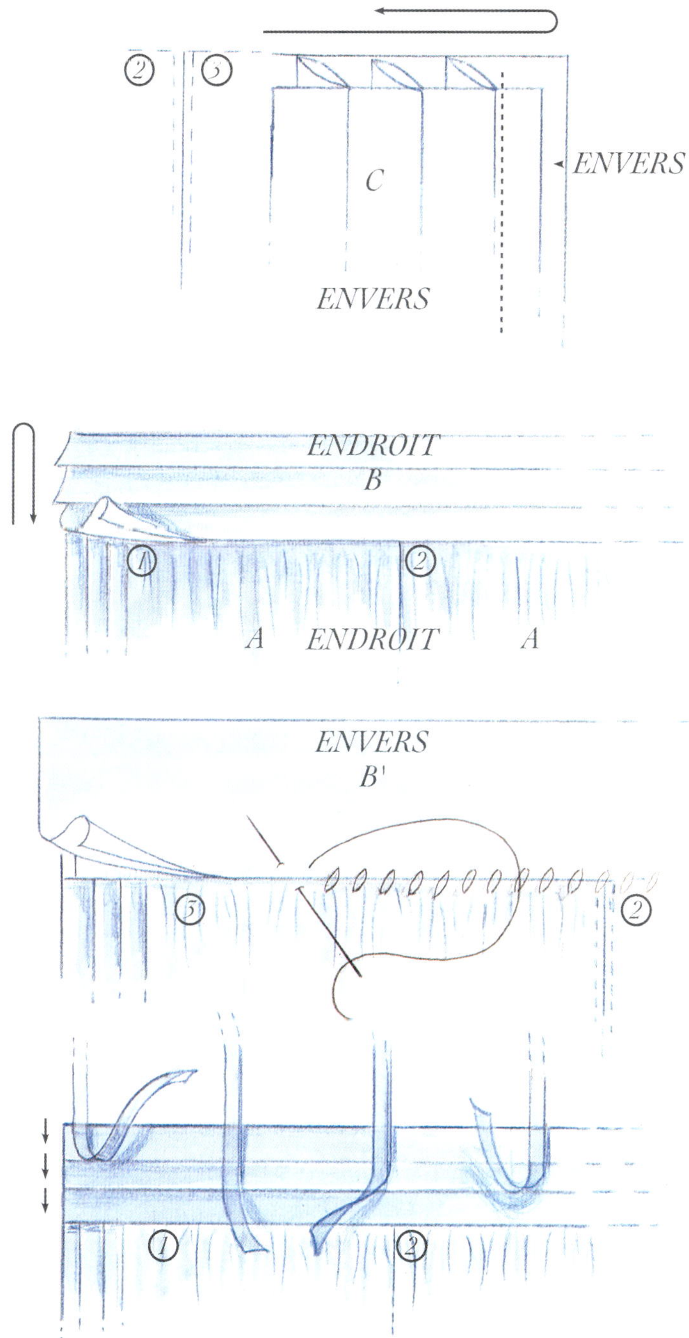

2. Pour réaliser les trois plis du haut (B) et ceux de chaque bordure (C) : plier le tissu en deux, casser au fer à repasser, piquer à 6 cm de cette pliure pour le haut (voir B), et à 3 cm de la pliure pour les bordures (voir C).
Ouvrir, replier chaque bord en allant vers le milieu, coudre le deuxième et le troisième pli, toujours de 6 cm pour le haut, et de 3 cm pour les bordures.

3. Placer les bandes C sur les bordures, et coudre endroit contre envers. Rabattre sur l'endroit. Coucher les plis pour cacher cette couture. Coudre la bande du haut, endroit contre endroit, en fronçant la mousseline.
Coudre dans le haut la doublure B' endroit contre endroit. Rabattre à la main.
Repasser les plis du haut, coucher vers le bas pour cacher la couture. Placer les sept liens, les premiers à 3,5 cm des bords. Réaliser l'ourlet du bas de 5 cm.

La sieste du jardinier

Chambre fraîche pour la sieste, bol de potage glacé posé sur le lit ; rideau ouvert sur la verdure, trois panneaux de mousseline sont retenus par une bande de lin où sont posées les broderies anciennes. Des grandes, des petites, des petits carrés, ou des fleurs faites de pétales finement ouvragés…

Ces petits chefs-d'œuvre découverts au fond d'une boîte, ou achetés aux puces et dont on ne sait que faire, trouvent une place merveilleuse et deviennent une superbe tête de rideau. Les broderies répondent par leur couleur à la couleur de la mousseline, et le lin les unit admirablement.

Nœuds tout simples, écrus et courts.

Les broderies anciennes.

Où l'on voit les dentelles avec leurs formes, leurs grandeurs.
La fleur de gauche est le milieu du rideau.

Fournitures

Pour un rideau de 2,20 m de largeur sur 3 m de hauteur :

- Mousseline de coton écrue en 245 cm de largeur : 9 m.
- Lin sable 100 % lin en 150 cm de largeur : 0,80 m.
- Sergé écru en 2 cm de largeur, huit fois 0,20 cm, soit 1,60 m.
- Fil DMC 100 % coton pour tissu épais n° 40, coloris écru.

Réalisation

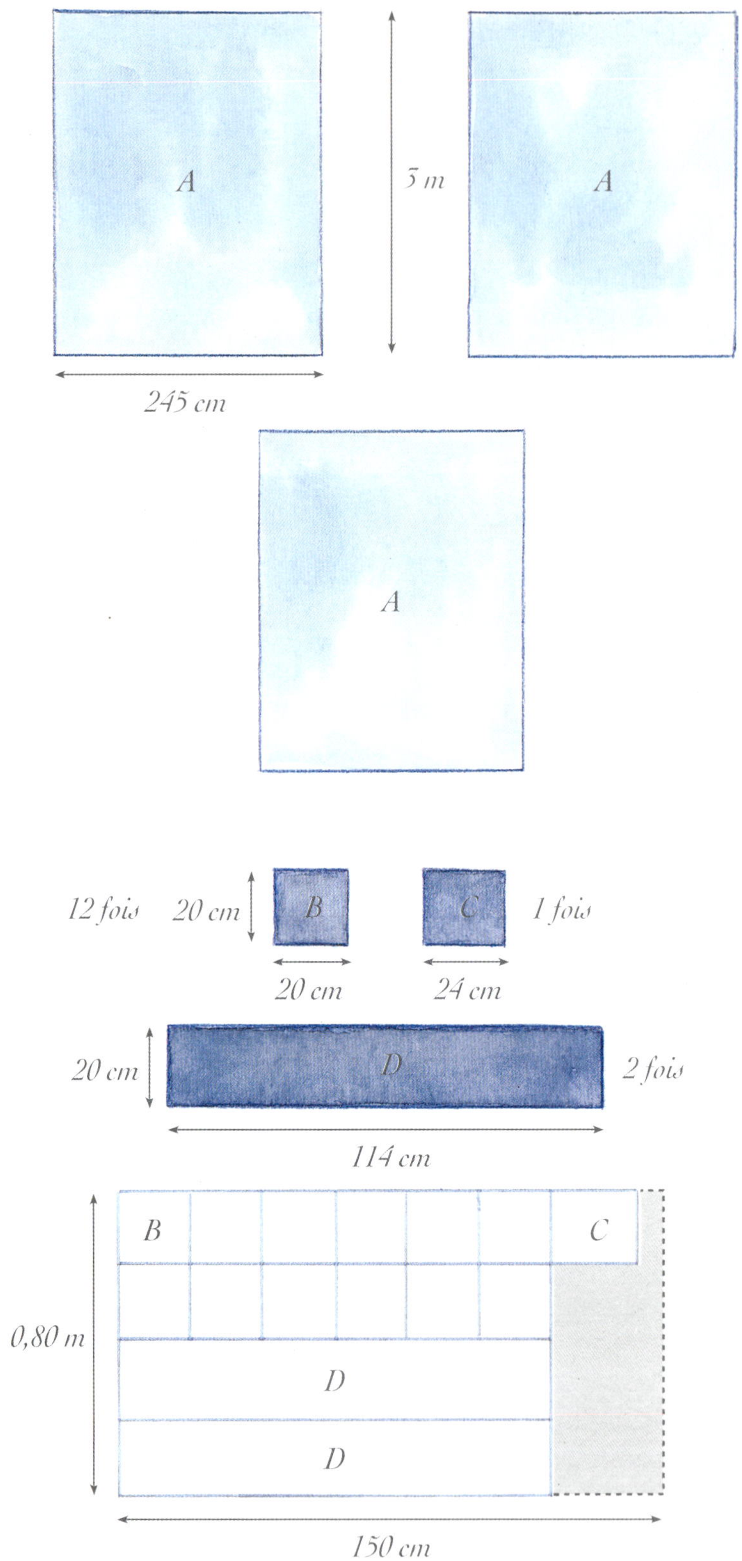

1. Couper dans la mousseline : trois fois 3 m (A) ; dans le lin sablé : douze fois 20 x 20 cm (B), une fois 20 x 24 cm (C), et deux fois 20 x 114 cm, pour la doublure (D).

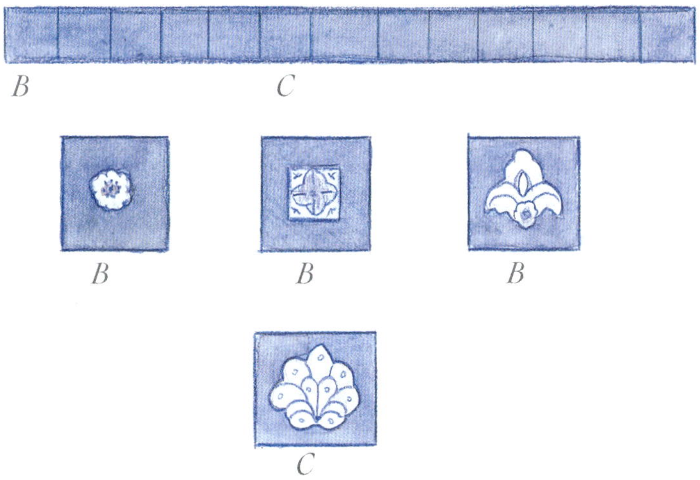

2. Pour la tête du rideau : poser les broderies sur les carrés de lin, les fixer à la machine à coudre ou à la main à tout petits points en cousant à cheval sur la broderie. Utiliser un fil de la même couleur, et cela un carré sur deux. Coudre tous ces morceaux entre eux.

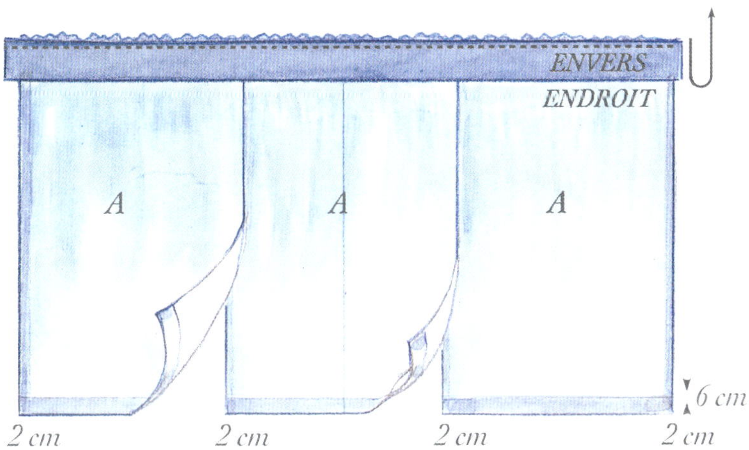

3. Sur les trois panneaux de mousseline, réaliser les deux ourlets des bords verticaux (A) de 2 cm, et l'ourlet du bas de 6 cm. Placer ces trois morceaux en les fronçant sur le lin aux broderies, endroit contre endroit. Coudre la doublure (D) en haut du rideau.
Rabattre à la main sur l'envers du rideau.

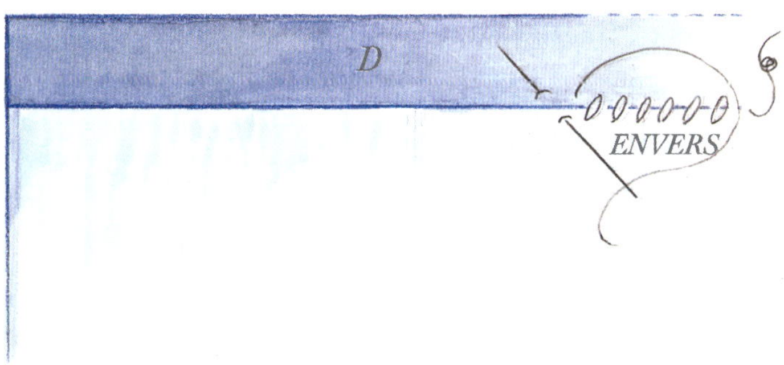

Le carré de dentelle, par chance il y en avait deux.

4. Placer les huit liens, les coudre au bord du rideau.

L'anniversaire

Préparation des cadeaux. Le repas sera blanc ; large baie, deux rideaux, huit volants, quatre par rideau, volants de plus en plus froncés. Le volant du haut est plat, juste la largeur de la fenêtre, puis à chaque volant, des plis, des plis, des boutons et des ficelles à chaque tête de pli.
Ces rideaux demandent beaucoup de tissu, car le quatrième volant est très important. Rideaux imposants, chaleureux, leur déplacement sur la barre est agréable avec un doux cliquetis.

Flots de gaze de lin, boutons de nacre et ficelle à profusion.

Rideau ramassé en gros plis gonflants.

Réalisation

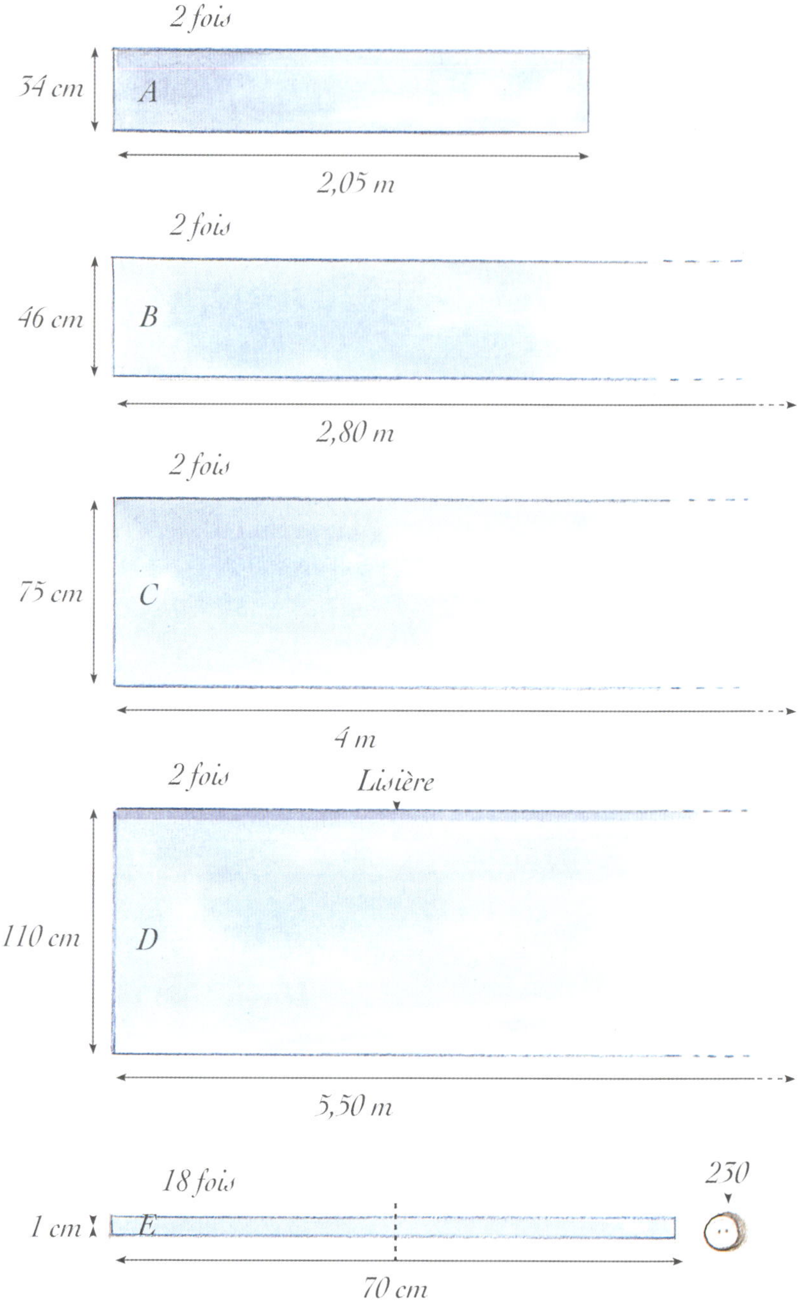

Fournitures

Pour deux panneaux de 2 m de largeur sur 2,45 m de hauteur :

- Gaze de lin 100 % lin en 123 cm de largeur : 32 m.
- Boutons de nacre de 2,5 cm de diamètre : 230.
- Ficelle de lin pour coudre les boutons : 30 cm par bouton, soit 69 m par panneau, au total 138 m.
- Sergé écru 100 % coton en 1 cm de largeur : deux fois neuf liens, soit dix-huit liens de 70 cm, au total 12,60 m.
- Fil DMC 100 % coton pour tissu épais, n° 40, coloris écru.

1. Couper tous les volants en gaze de lin :
- deux fois 2,05 m x 34 cm (A) ;
- deux fois 2,80 m x 46 cm (B) ;
- deux fois 4 m x 75 cm (C) ;
- deux fois 5,50 m x 110 cm (D).

Couper dans le sergé écru dix-huit fois 70 cm.
Les lisières sont placées horizontalement pour éviter les coutures verticales.

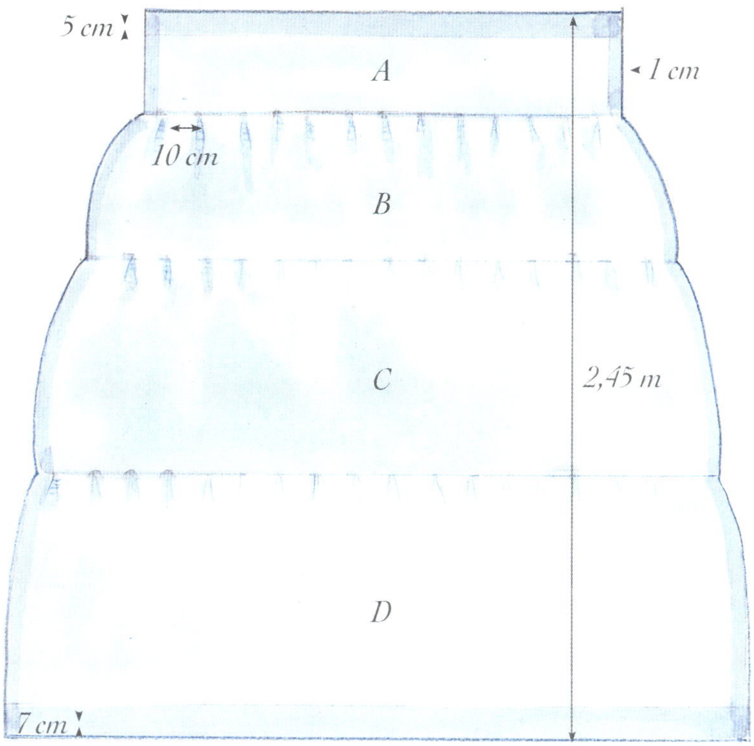

2. Coudre B sur A en réalisant des petits plis de 2 cm tous les 10 cm environ.
Puis coudre C sur B, ensuite D sur C, toujours avec les mêmes petits plis. Sur les bords de chaque panneau, réaliser un petit ourlet de 1 cm.
Dans le bas, faire un ourlet de 7 cm.
Dans le haut, un ourlet de 5 cm.

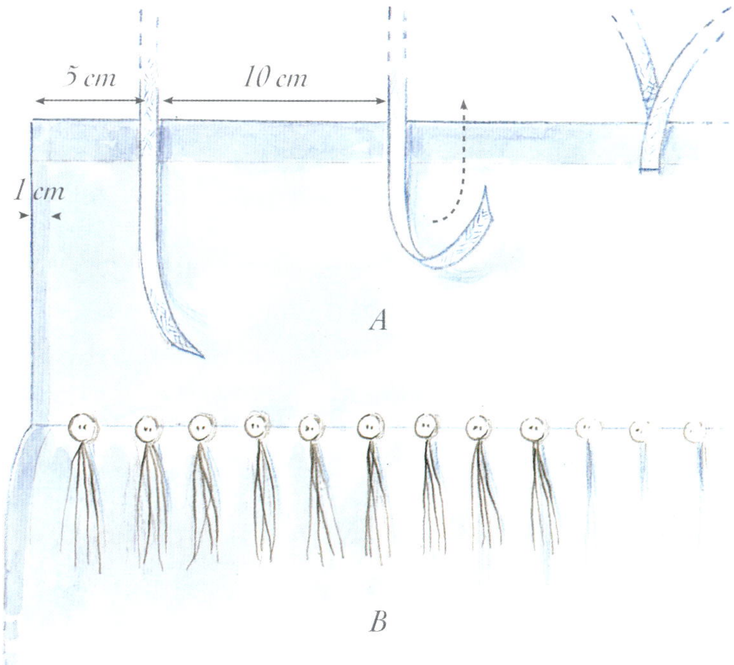

Chaque pli de la gaze de lin est maintenu par un bouton de nacre à deux trous, tenu par deux brins de ficelle fine de lin.

3. Placer les neuf liens à chaque rideau, sur A, en commençant à 5 cm de chaque bord.
Coudre les liens ouverts et dans leur milieu.
Coudre un bouton avec deux brins de ficelle fine de lin de 30 cm, à la naissance de chaque pli.

Les toiles lourdes, broderies et lacets

Les toiles lourdes sont la majesté d'un décor, le tombé se voit dans la beauté des cassants. Elles nous protègent de la chaleur de l'été, et du froid les mois d'hiver. La lumière passe à travers mais très, très atténuée. Ces rideaux sont faits surtout pour être tirés l'hiver le soir, et l'été pour se cacher du soleil. Les toiles lourdes, de coton, métis ou lin, aiment les broderies, les formes simples.

Les croisillons de lacets leur donnent un aspect théâtral, les étoiles rouges d'Emma sont ludiques, les chardons noirs ajoutent beaucoup de poésie, les damiers brodés un petit air moyenâgeux ; et une pluie de liens et d'étoiles ombrage joliment le balcon estival.

Ces toiles sont faciles à travailler, leur aspect somptueux nous remercie tout de suite de notre travail !

La broderie, ou la pose de galons, est faite sur de petits morceaux de tissu cousus ensuite entre eux, ce qui en facilite la réalisation. On peut toujours déplacer un carré d'étoffe de quatorze centimètres de côté, puis confectionner le rideau pour une fenêtre de trois mètres de large. C'est un travail joyeux, peut-être un travail pour la plage, qui fera, l'hiver, un splendide rideau.

L'installation

Ces croisillons de lacets font un matelassage léger sur cette tête haute. Le métis épais est plissé à l'aplomb de chaque couture des carrés. Fenêtre assez étroite, mais la tête du rideau peut être ramenée à deux rangées pour une fenêtre plus petite ; cassant important ; liens tout fins et très longs.
Pour les tringles et les anneaux : bois clair, bois foncé, anneaux de cuivre en harmonie avec les meubles, son humeur, les saisons ...
Vieil escabeau de bois prêté par un ami voisin.

Les croisillons de lacets.

Tête du rideau posée sur l'escabeau. Trois rangées de carrés barrés de croisillons de lacets.

Fournitures

Pour deux panneaux de 1 m, soit 2 m de largeur sur 3,10 m de hauteur :

- Métis écru, 50 % lin 50 % coton en 245 cm de largeur : 6,80 m.
- Sergé écru 100 % coton en 1 cm de largeur : 41,60 m.
- Fil DMC 100 % coton pour tissu épais n° 40, coloris écru.

Réalisation

1. Couper dans le métis écru :
- cinquante-quatre carrés de 14 x 14 cm (A) ;
- deux fois 2,90 m x 245 cm de largeur (B) ;
- deux fois 1,05 m x 37 cm, pour la doublure (C).

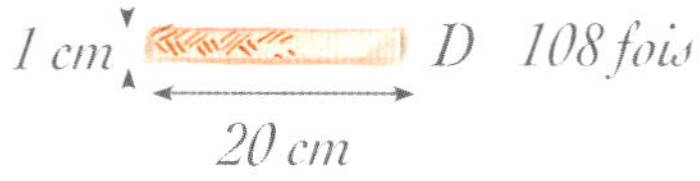

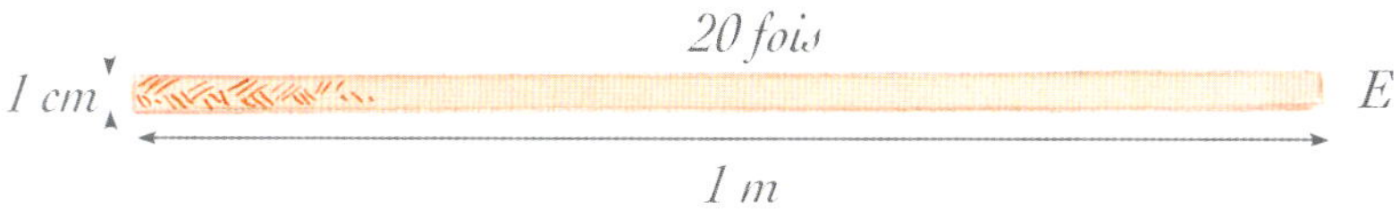

2. Couper dans le sergé :
- pour les carrés, cent huit fois 20 cm (D) ;
- pour les liens du haut, vingt fois 1 m (E).

3. Sur les cinquante-quatre carrés, placer deux morceaux de sergé de 20 cm. Fixer à la machine à 0,5 cm du bord.
Coudre ces carrés entre eux, neuf par neuf, puis deux fois trois rangées de neuf, pour les deux rideaux.

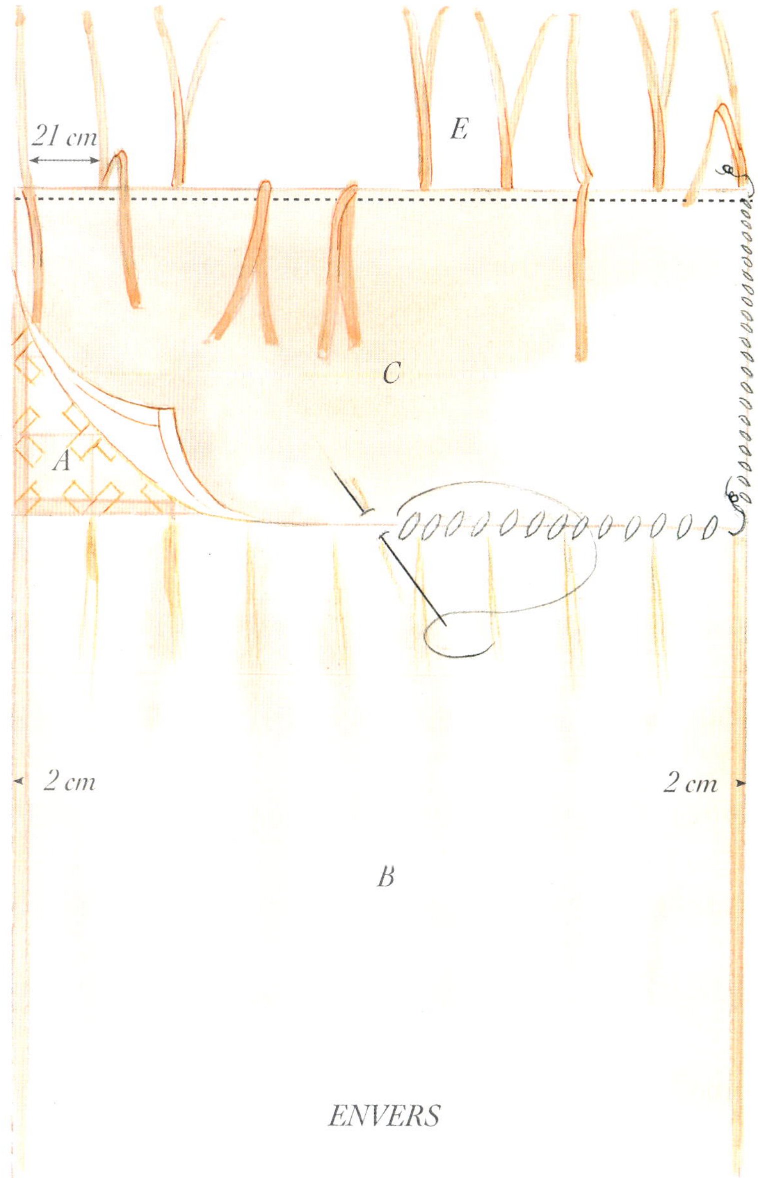

4. Sur le rideau B, réaliser les ourlets de 2 cm à chaque bord ; et de 6 cm dans le bas.
Placer B sur A, endroit contre endroit, sur la tête en faisant des plis creux à l'aplomb de chaque couture.
Doubler la tête avec C. Rabattre à la main.
Placer les dix liens à l'aplomb des coutures.

Les jeux d'Emma

Des carrés brodés d'une étoile rouge en leur milieu, des rectangles dans le même tissu cousus entre eux.

Fenêtre haute et étroite donnant à l'ouest. La salle de jeux d'Emma est chaude, joyeuse, gorgée de soleil. Petite fenêtre donnant sur la vallée. Rideau au grand cassant pouvant passer sur la rambarde au temps frais du matin, mais tiré devant la fenêtre fermée pour se protéger de la chaleur au moment de la petite sieste d'Emma.

La toile est lourde, épaisse, chaleureuse. Elle isole du froid, du chaud, du bruit... Les petites étoiles rouges se dandinent en haut du rideau ; les liens sont très simples, et l'ampleur donnée par de somptueux plis plats. « Mais pourquoi Christophe le photographe croit qu'Ours Blanc va faire du vélo ? »

Les étoiles rouges.

Étoiles rouges et nœuds à deux coques. Chaque pli plat a son étoile.

Réalisation

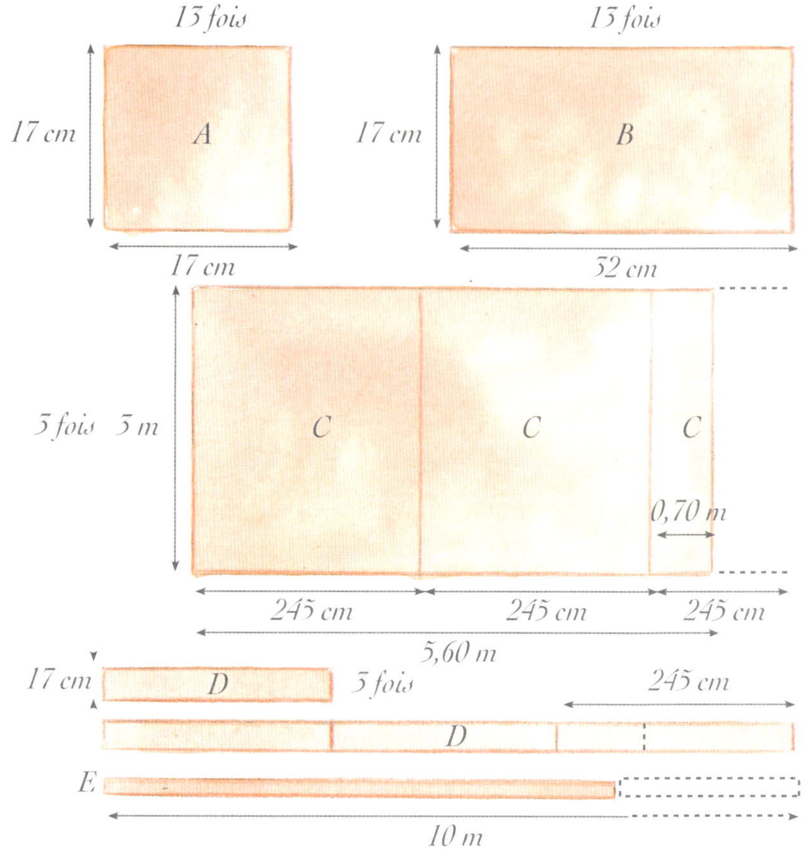

1. Couper dans le métis :
- treize carrés de 17 x 17 cm (A) ;
- treize rectangles de 32 x 17 cm (B) ;
- trois fois 3 m (C) ;
- trois fois 17 x 245 cm (D).

Coudre ensemble (C) pour obtenir un rectangle de 3 x 5,60 m. Couper dans le sergé : treize fois 70 cm (E).

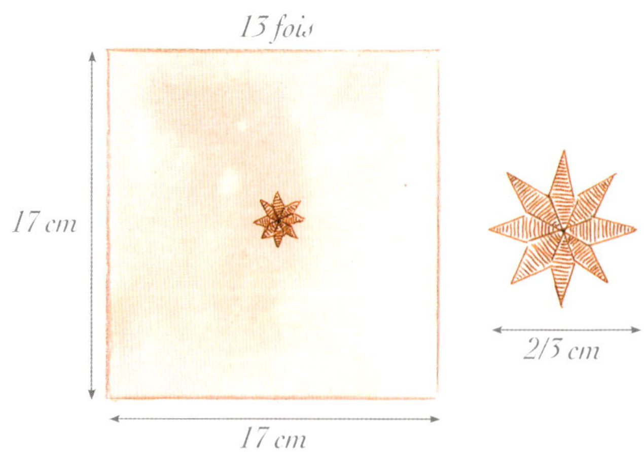

2. Sur chacun des treize carrés, broder à la machine une étoile avec du fil rouge de 2 ou 3 cm de largeur.

Fournitures

Pour un rideau de 1,70 m de largeur sur 3 m de hauteur :

- Métis écru 50 % lin 50 % coton en 245 cm de largeur : 10 m.
- Sergé écru en 2 cm de largeur : 10 m.
- Fil DMC 100 % coton pour tissu épais n° 40, coloris écru.
- Fil à broder machine DMC, coloris rouge ancien n° 815.

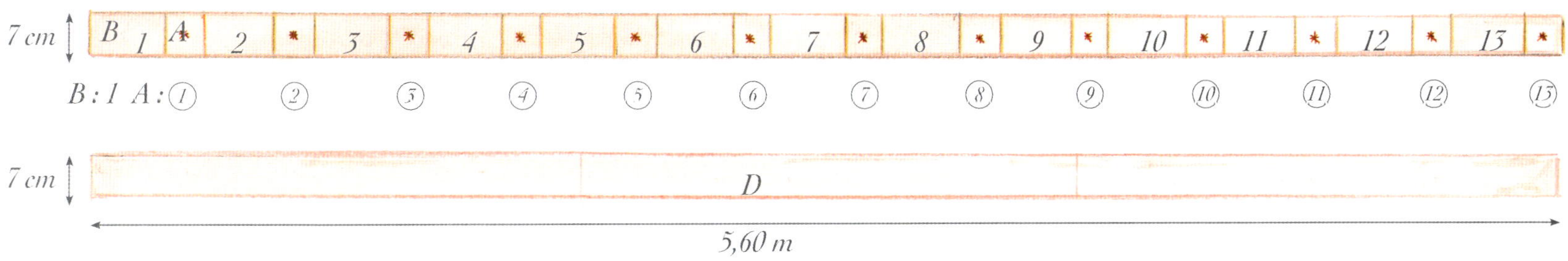

3. Coudre carrés et rectangles entre eux, et réaliser, avec les trois hauteurs de 3 m (C), un grand rectangle ayant 3 x 5,60 m de dimensions. Coudre la tête A et B sur la partie C. Préparer la doublure (D) pour obtenir une bande de 17 cm x 5,60 m. Placer cette doublure sur la tête A et B, et rabattre à la main.

4. Faire des petits ourlets de 1 cm à chaque bord, et un ourlet de 3 cm en bas. Coudre les plis plats à la main en quatre points, un à chaque angle.

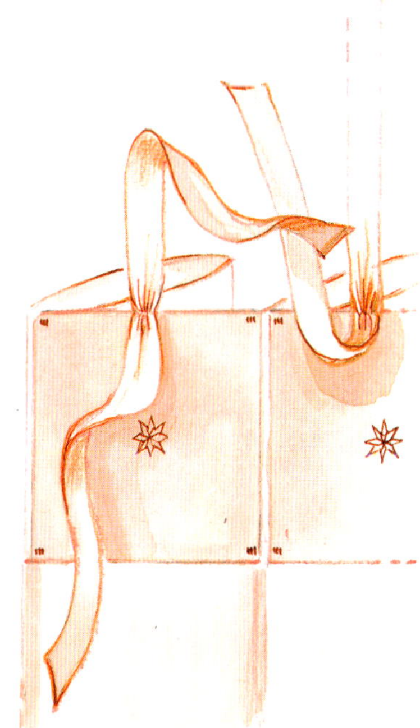

5. Coudre les liens en les fronçant.

L'antichambre

Cette chambre est petite, très petite, au bout de la maison. Un rideau de toile doublé et brodé la sépare de l'antichambre. Toujours des carrés, des rectangles, mais cette fois de jolis points de croix empruntés au corsage d'une dame peinte par Georges de La Tour.

Ce rideau cloison sépare deux petites pièces mais, bien sûr, il peut être poussé. Il est austère, sérieux, cependant son charme n'est pas discret ; ces deux pièces sont ouatées ; le graphisme du dessin est léger, très fin.

Les chardons noirs.

Le corsage de cette dame est brodé de noir.

Fournitures

Pour un panneau de 1,80 m sur 2,95 m :

- Métis écru 50 % coton 50 % lin en 240 cm de largeur : 3,20 m.
- Satinette de coton écru en 140 cm de largeur : 6 m.
- Sergé écru en 1 cm de largeur : neuf fois 8 cm, soit 72 cm ; neuf fois 50 cm, soit 450 cm ; au total 522 cm ou 5,22 m.
- Fil DMC 100 % coton pour tissu épais n° 40, coloris écru.
- Coton à broder Mouliné Spécial DMC n° 12, coloris noir.
- Morceau de tire-fil en 100 cm de largeur : 75 cm.

Réalisation

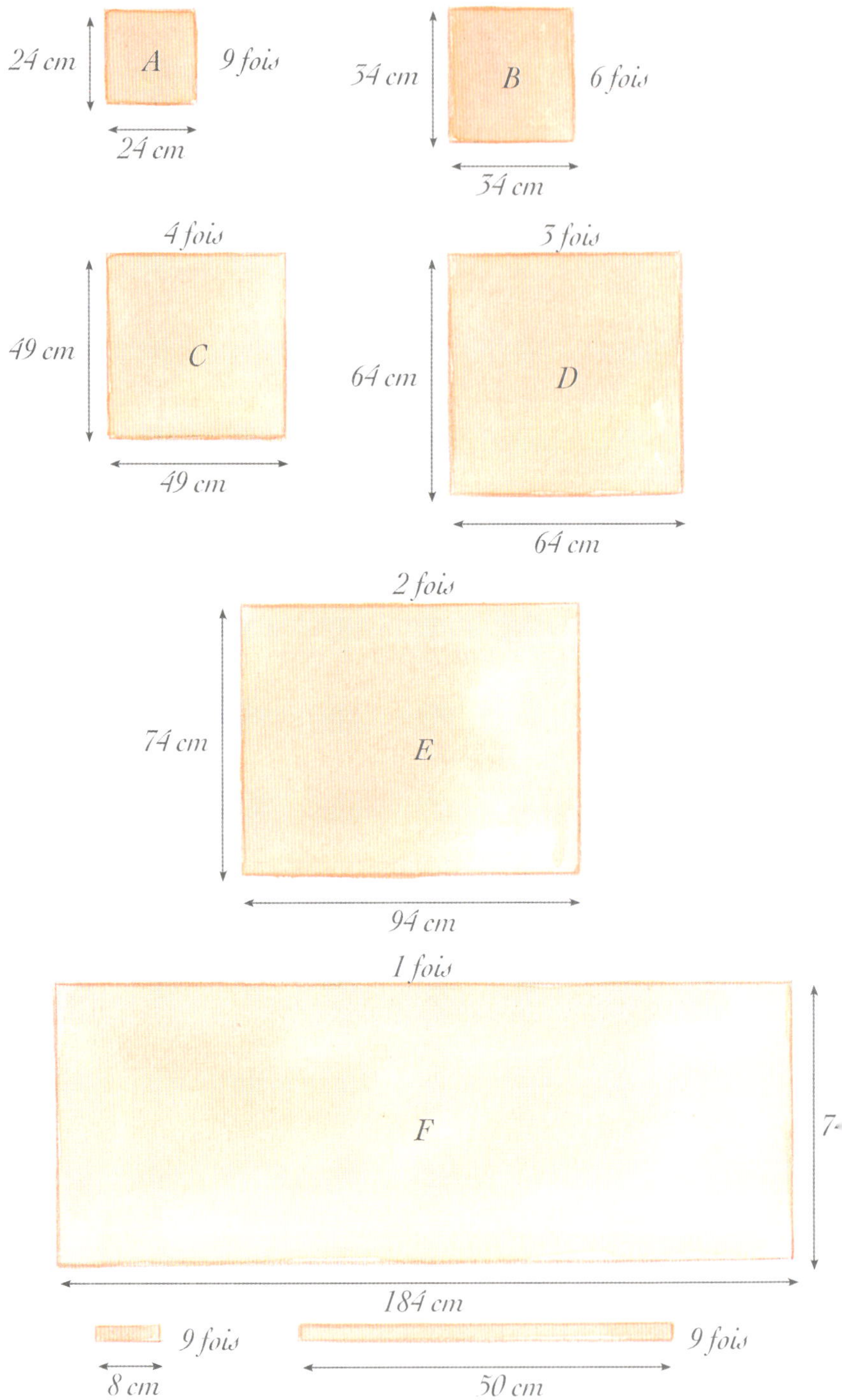

1. Couper dans le métis vingt-cinq morceaux, soit :
- neuf fois 24 x 24 cm (A) ;
- six fois 34 x 34 cm (B) ;
- quatre fois 49 x 49 cm (C) ;
- trois fois 64 x 64 cm (D) ;
- deux fois 94 x 74 cm (E) ;
- une fois 184 x 74 cm (F).

2. Au milieu de chacun de ces vingt-cinq morceaux de tissu, broder le motif, avec du fil noir, en plaçant au centre un carré de tire-fil de 15 x 15 cm.

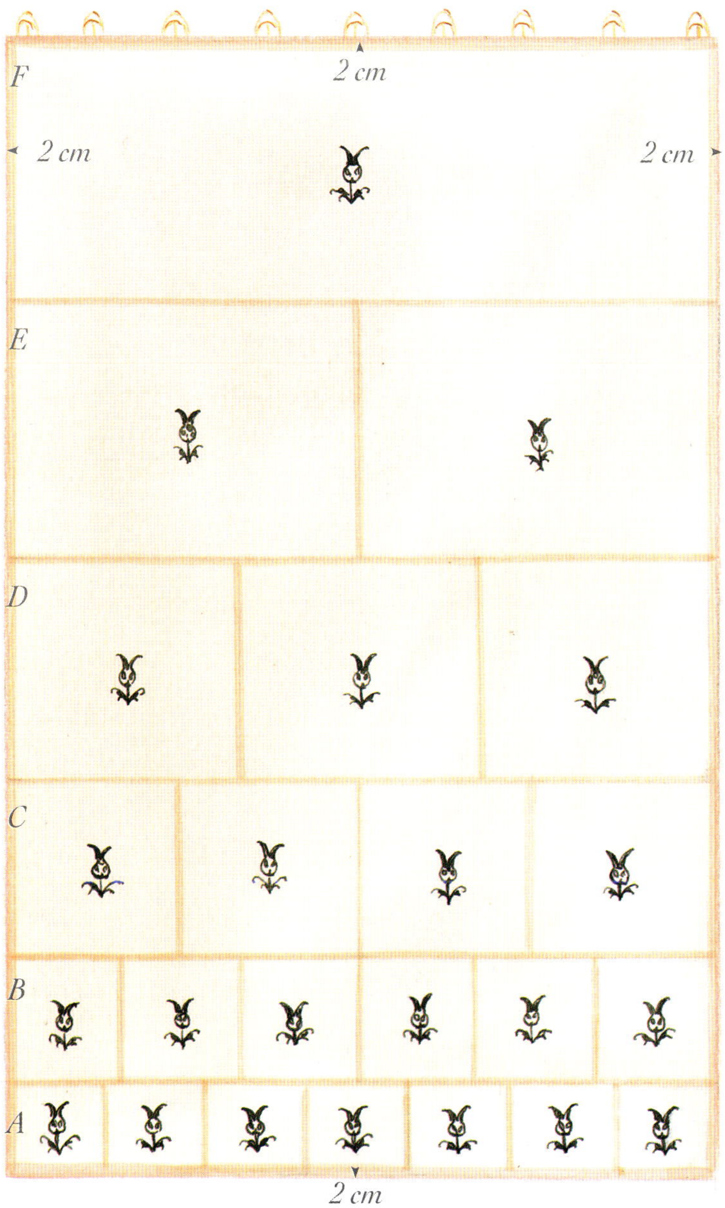

3. Coudre tous les morceaux, bande par bande. Commencer par A, terminer par F. Faire un ourlet de 2 cm.

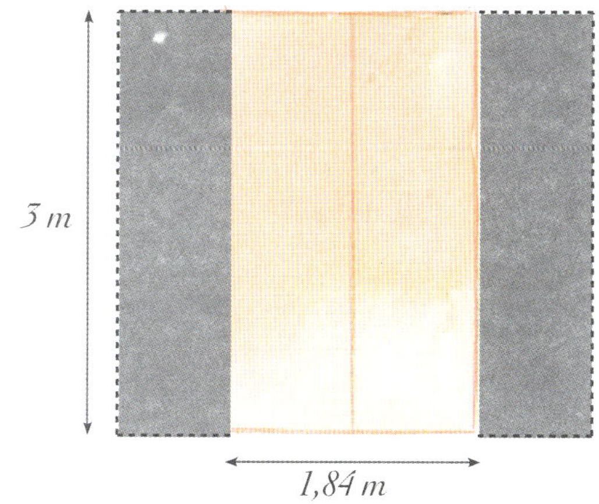

4. Préparer la doublure en satinette de coton, en faisant une couture au milieu pour obtenir un rectangle de 1,84 x 3 m.

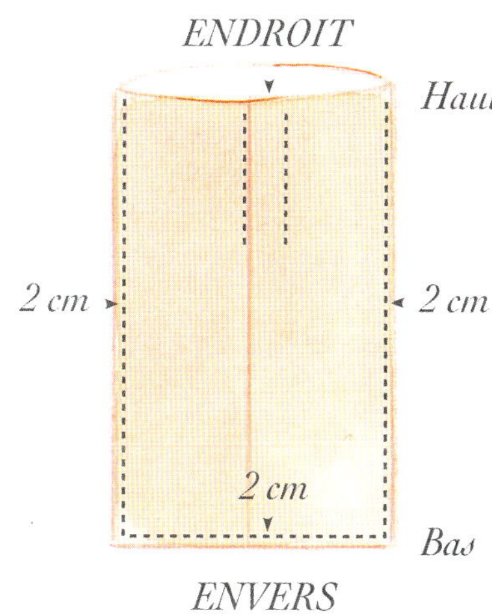

5. Placer la doublure, endroit contre endroit, coudre tout autour sur trois côtés à 2 cm du bord.

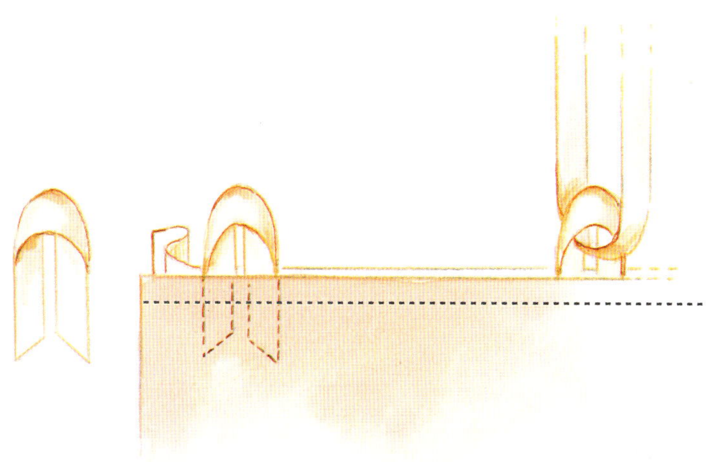

6. Retourner. Placer et coudre les neuf morceaux de sergé de 8 cm pliés en deux, en haut du rideau ; glisser les liens de 50 cm dans ces crochets de sergé pour accrocher aux anneaux.

La chambre improvisée

Mur éphémère, léger et doux. Peut-être un essai pour savoir si l'on va partager cette grande surface avec une vraie cloison. Côté nuit, côté jour, à l'abri des regards, à l'abri du froid ; côté travail, côté sommeil...
Une chaise le relève, le lit dérobé se voit, s'entrevoit. La pièce est plus structurée. On peut de part et d'autre placer un meuble : une commode ou même une armoire pour un temps, en attendant une solution plus légère pour un hôte de passage, pour quelques mois. Cloison mobile, cloison aérienne, installation douce.

Les damiers de lin et de mousseline brodée.

Là où l'on voit un peu de damiers, très peu de la chaise, un bout du rideau, un brin de moustiquaire et un petit bout du lit.

Fournitures

Pour un rideau de 2,08 m de largeur sur 3,56 m de hauteur :

- Lin sable en 150 cm de largeur : 10,20 m.
- Mousseline brodée blanche en 140 cm de largeur : 0,60 m.
- Satinette blanche en 150 cm de largeur : 1,10 m.
- Sergé en 1 cm de largeur : huit fois 8 cm, soit 64 cm.
- Fil DMC 100 % coton pour tissu épais n° 40, coloris sable.

Réalisation

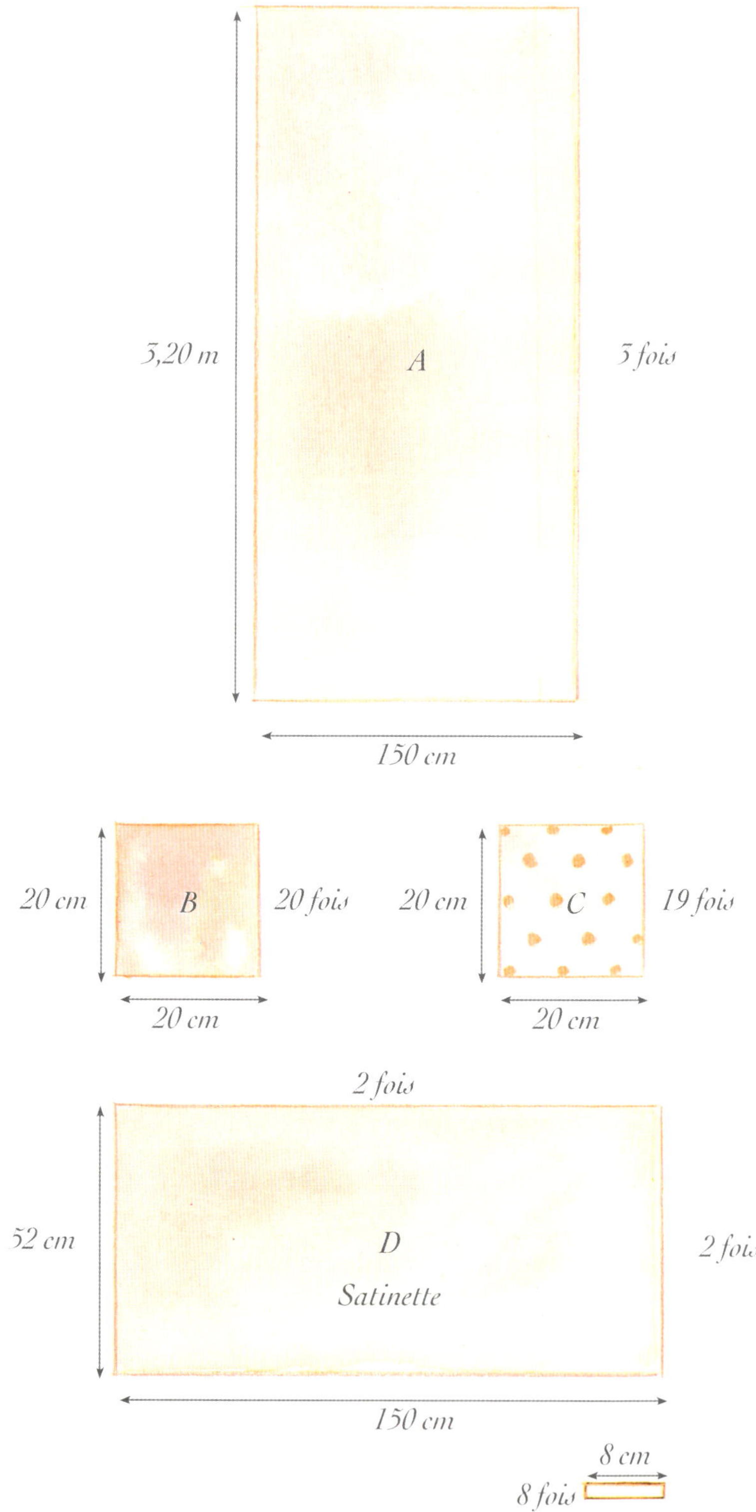

1. Couper :

Dans le lin sable, trois fois 3,20 m (A), et vingt fois 20 x 20 cm (B).

Dans la mousseline brodée, dix-neuf fois 20 x 20 cm (C).

Dans la satinette, deux fois 52 cm (D).

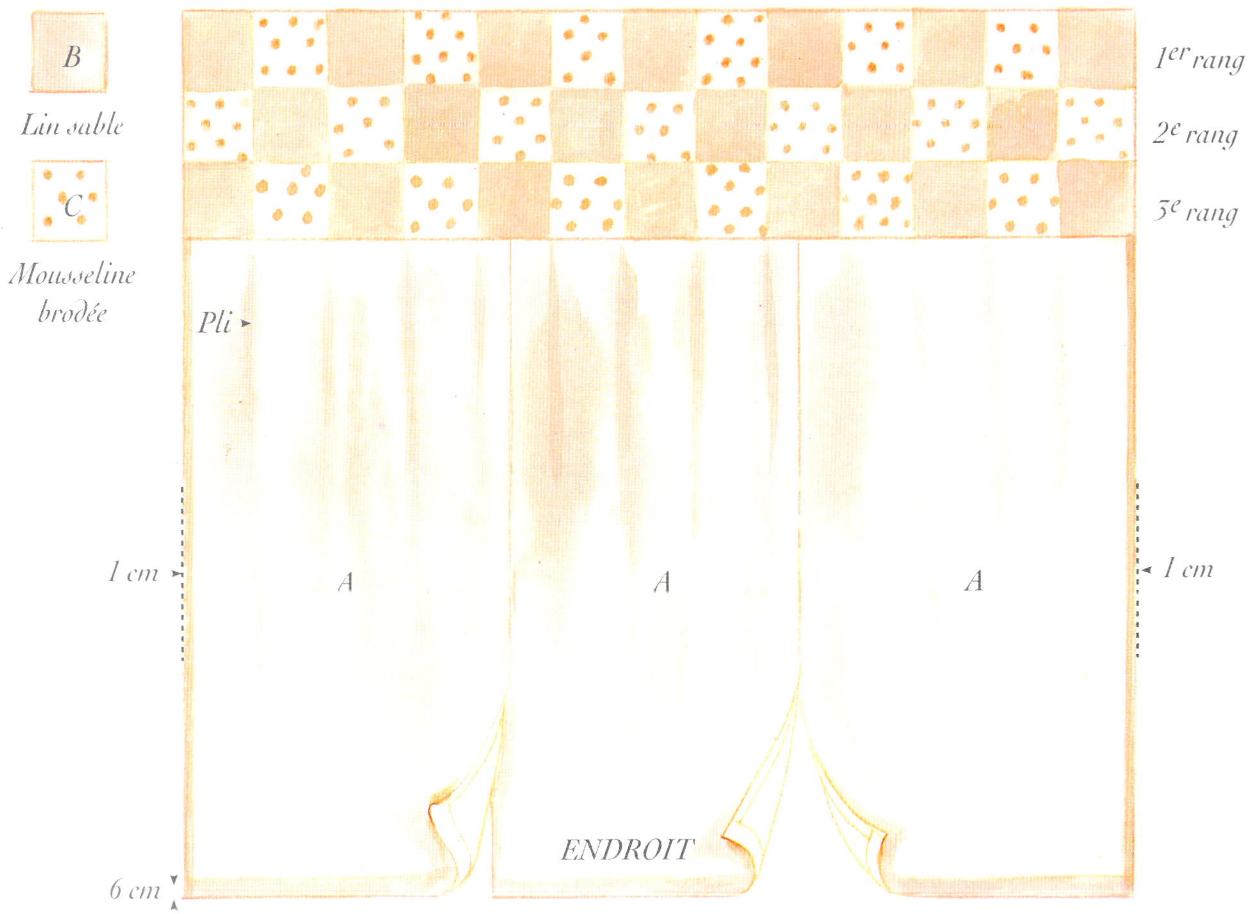

2. Assembler les carrés selon le dessin. Coudre les carrés, rang par rang.
Faire à chaque bord des petits ourlets de 1 cm, et un ourlet de 6 cm dans le bas des trois panneaux de lin (A).
Placer ces trois morceaux sur le bord des damiers, en réalisant un petit pli à chaque couture des carrés.

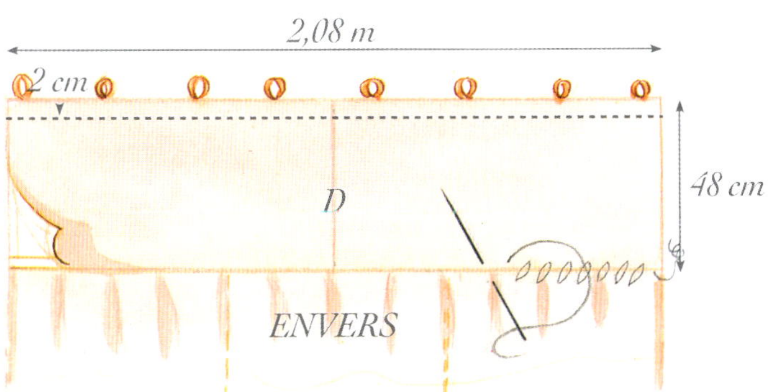

3. Réaliser dans la satinette un rectangle de 2,08 m x 48 cm avec une couture au milieu. Poser endroit contre endroit et faire une piqûre à 2 cm du bord dans le haut. Glisser huit liens, un à chaque bord et un au milieu des carrés brodés. Retourner, rabattre à la main à petits points.

Carrés de lin, carrés de mousseline brodée de pois, ton sur ton : voilà le damier.

Le balcon sur la campagne

Pluies d'étoiles, pluies de liens, minuscule balcon d'odeurs : le basilic, la verveine, la menthe se marient et nous enchantent. Les deux rideaux de lin emprisonnent ces effluves. Ces odeurs vont se répandre dans la pièce qui va rester fraîche, quelle magie, une fraîcheur parfumée !
La tête des rideaux est réalisée à part, et les liens, longs, rattachent le panneau du bas à celui du haut, de point en point ; on peut ainsi apercevoir le ciel. Plus l'ampleur est grande, plus on voit le ciel. Ces espaces vides peuvent aussi permettre d'entrevoir des arbres, si l'on est près d'un jardin.

Les étoiles dorées.

Plis plats de la tête ;
pans des liens et nuée d'étoiles d'or.

Fournitures

Pour deux rideaux de 1,04 m de largeur sur 3 m de hauteur :

- Lin brodé d'étoiles d'or 100 % lin en 150 cm de largeur : 10,70 m.
- Fil DMC 100 % coton pour tissu épais n° 40, coloris sable.

Réalisation

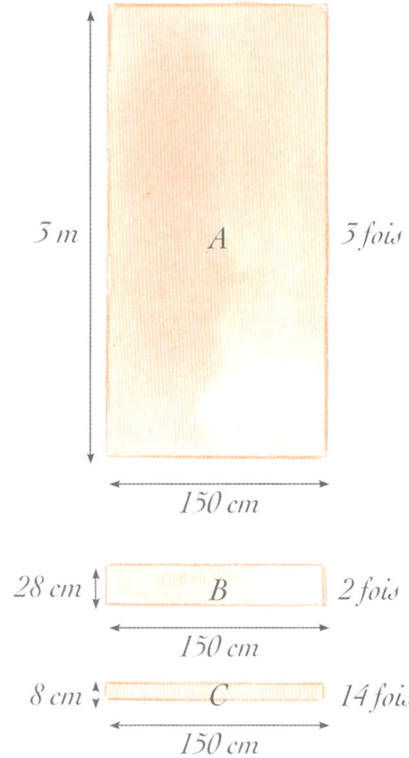

1. Couper dans le lin brodé :
- pour le bas du rideau, trois fois 3 m x 150 cm (A) ;
- pour le haut du rideau, deux fois 28 x 150 cm (B) ;
- pour les liens, quatorze fois 8 x 150 cm (C).

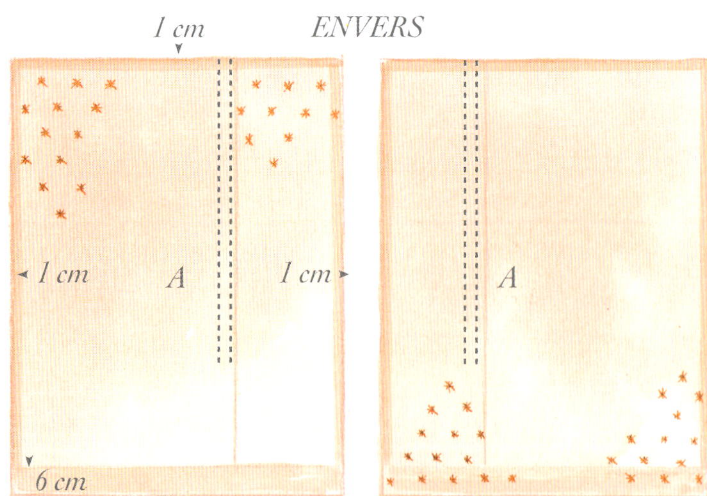

2. Assembler les trois morceaux A par deux coutures, et couper au milieu. Ourler ces deux morceaux sur les deux côtés avec un ourlet de 1 cm ; dans le haut, faire un ourlet de 1 cm ; dans le bas, un ourlet de 6 cm.

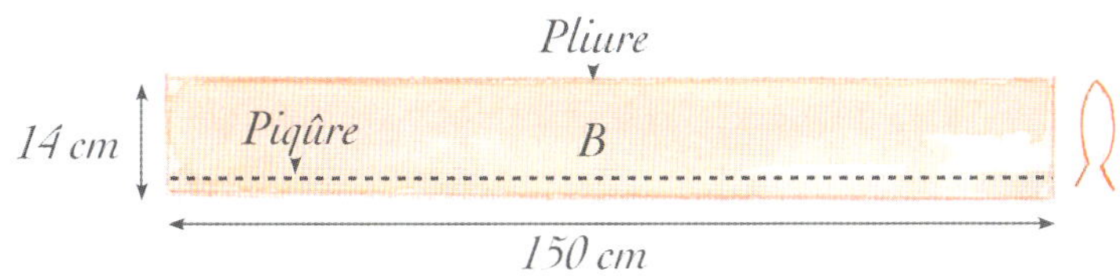

3. Préparer la tête en réalisant une couture le long des 150 cm de largeur (B).

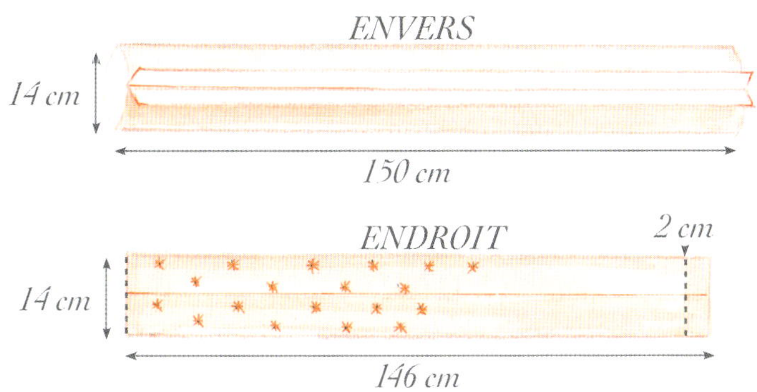

4. Retourner, placer la piqûre au milieu. Terminer les bords en rentrant 2 cm de chaque côté ; il reste 146 cm.

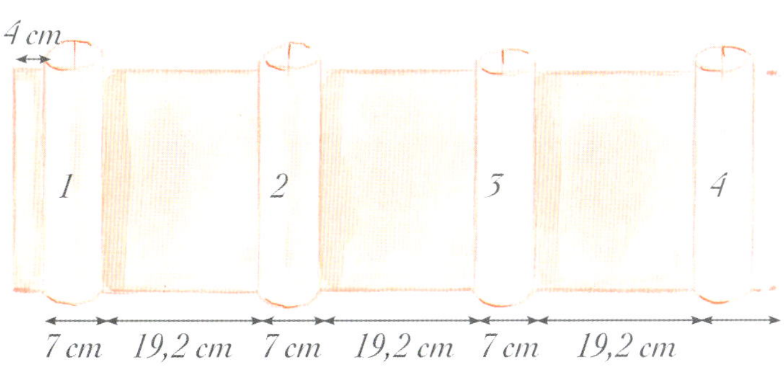

5. Réaliser six plis plats de 7 cm, le premier et le dernier à 4 cm des bords, puis faire les quatre autres plis espacés de 19,2 cm.
Pour les plis, coudre à 3,5 cm d'une pliure pour obtenir un pli de 7 cm.

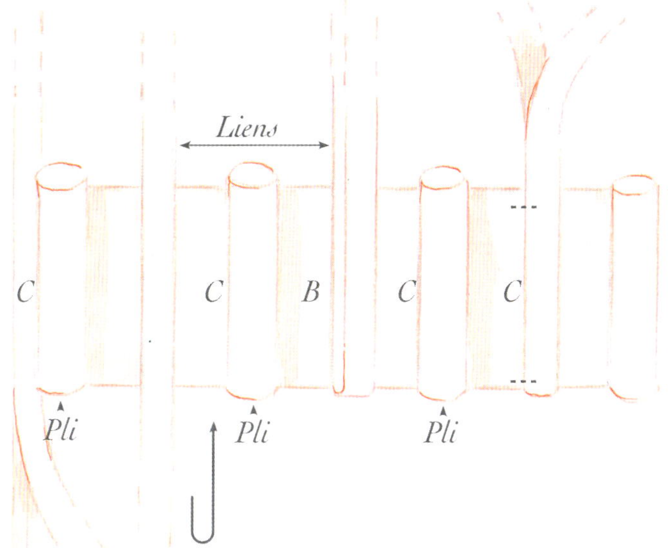

6. Placer les liens pliés, préalablement cousus : un à chaque bord et les autres au milieu de chaque intervalle. Coudre ces liens à la machine, en haut et en bas de la tête du rideau.

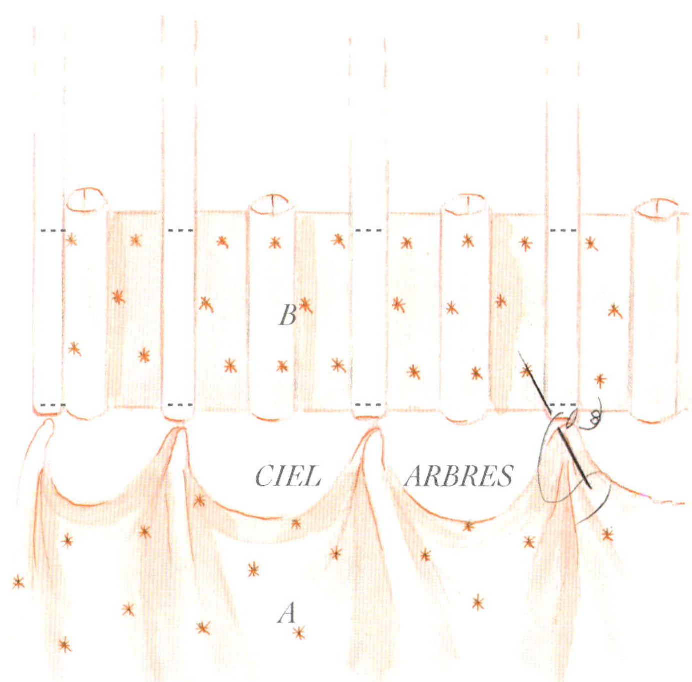

7. Placer le bas du rideau et le maintenir par de petits points en répartissant l'ampleur au bas de chaque lien. Entre chaque lien, il y a un espace où l'on voit le ciel…

Les soies, les taffetas, les changeants

Les crissements de ce tissu de rêve nous enchantent. Les étoffes ruissellent le long des fenêtres, et les cassants sont comme des nuages. Ces rideaux restent toujours aériens et, même s'ils sont doublés, la finesse de leur texture fait que l'ensemble sera malgré tout léger. Les coloris sont toujours profonds et sourds, mais avec un aspect légèrement brillant. La lumière passe bien à travers, il n'y a pas complètement obstruction entre le dehors et le dedans.

On peut dire aussi que tous les rideaux de ce chapitre ont un petit côté discret, un air sage.

Leur beauté et leur charme sont surtout remarqués lorsque l'on est tout près d'eux ; on peut beaucoup plus apprécier la finesse de leur texture, les fils sont si fins !

Les mariages taffetas et lin, taffetas et rotin, taffetas et ficelle sont chaleureux.

Ils vont habiller les fenêtres de calme et de réflexion.

Soyons apaisés par leurs couleurs.

Il faut dire également que ces rideaux fragiles n'aiment pas trop le soleil.

Le salon d'été

Couleurs tendres, couleurs de fruits pressés, jus de mandarine, jus de mangue : ces taffetas lumineux colorent le salon d'été des lumières les plus chaudes et les plus douces. Sièges de rotin, de couleur pâle, peu prétentieux, mais l'on y est si bien assis. La table basse est nappée de métis écru, et les jus de fruits servis dans de grands verres.

Nous allons espérer que dans ce petit salon les conversations seront sereines et joyeuses. Le havre de paix de la pause de dix-sept heures, les boissons fraîches ayant remplacé le thé chaud.

Les couleurs de ce rideau, retenu par des liens fluides et très longs, sont tout de même toniques et riantes.

Taffetas aux couleurs tendres.

Où l'on voit en entier un carré dans chacune des couleurs. Il y en a neuf.

Fournitures

Pour un rideau de 3,50 m sur 3,50 m :

- Taffetas en 126 cm de largeur, 1,30 m dans chaque coloris suivant : pink 13468 ; rose Pompadour 12822 ; rose glacé 12883 ; rose changeant 12881 ; rose pêche 12884 ; aconit 13460 ; or pâle 12851 ; jaune pastel 13459.
- Taffetas en 126 cm de largeur : 2,10 m dans le coloris ivoire 12849.
- Toile écrue en 130 cm de largeur : 11 m, pour la doublure.
- Fil DMC 100 % coton pour tissu épais n° 40, coloris écru.

Réalisation

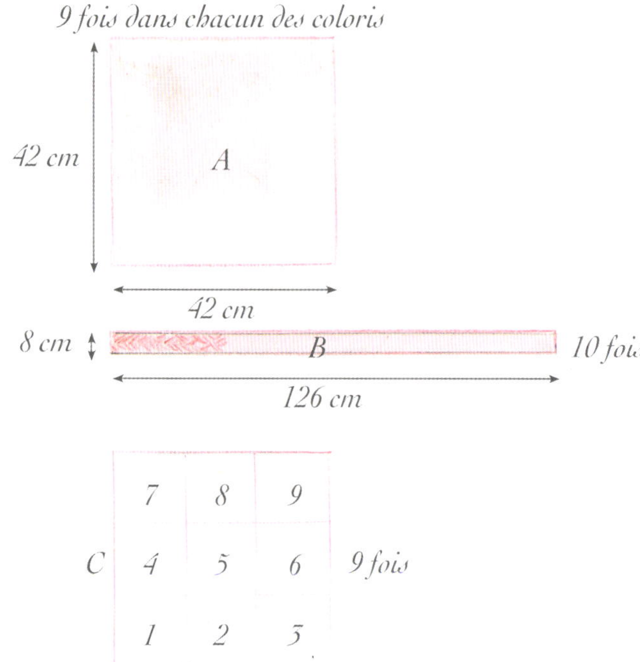

1. Couper, dans chacun des neuf coloris, neuf carrés de 42 x 42 cm (A).
Couper dix liens de 8 x 126 cm, de coloris ivoire (B).
Assembler selon le croquis C, afin de former un carré de neuf carrés, un de chaque couleur, en se reportant à la liste numérotée des couleurs.

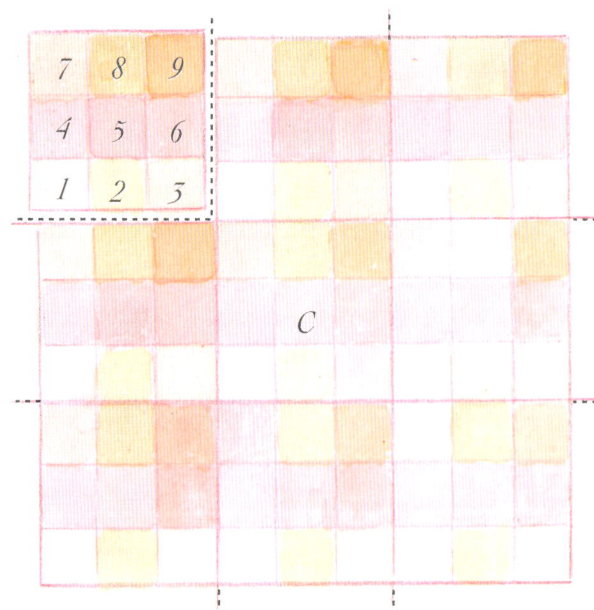

2. Réaliser neuf fois ces carrés composés de neuf carrés et les assembler. On obtient un grand carré de quatre-vingt-un carrés (D).

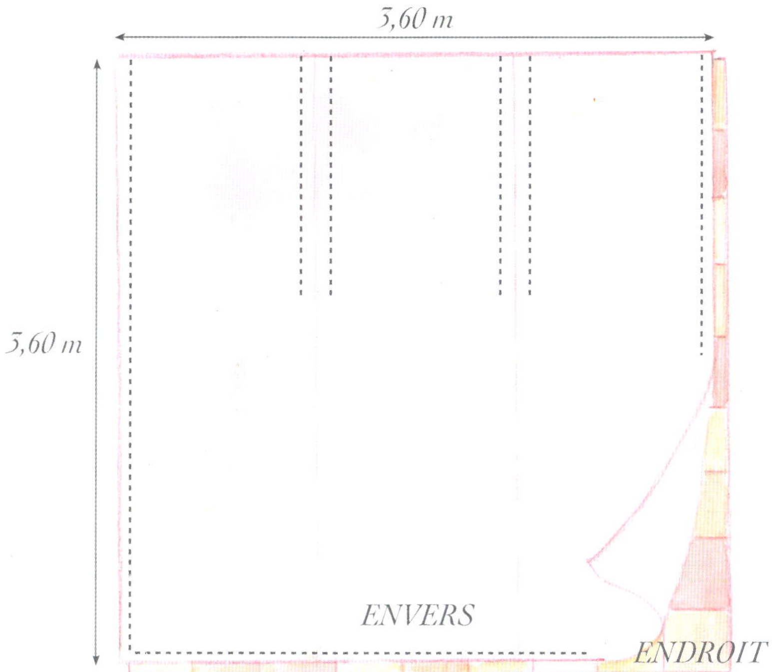

3. Couper la doublure en trois morceaux de 3,60 m de hauteur et les assembler par deux coutures. Poser ce carré, endroit sur endroit, sur tous les carrés et coudre sur trois côtés.

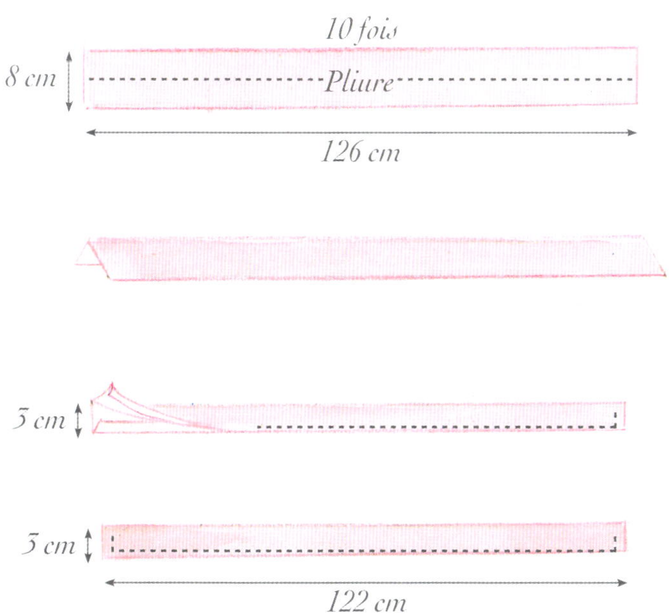

4. Réaliser les liens avec des coutures extérieures.

5. Retourner. Fermer le haut. Placer les liens à l'aplomb des coutures.

Longs liens de taffetas ivoire.

Le bureau sous les toits

L'installation estivale du dessinateur : tabouret et tréteaux de bois ; le ménage a été fait avec un vieux balai.
Le rideau : trois morceaux, haut du rideau en lin, bas du rideau en taffetas avec tête de fronces apparente.
Nœuds larges et courts cousus froncés et noués sans coque, seulement deux nœuds simples.

Petit écossais de taffetas et lin.

Taffetas écossais et lin.
Le taffetas est froncé sur le lin en tête apparente. Peu de nœuds, seulement trois par rideau mais assez larges ; noués sans boucle.
Anneaux anciens en cuivre ciselé.

Réalisation

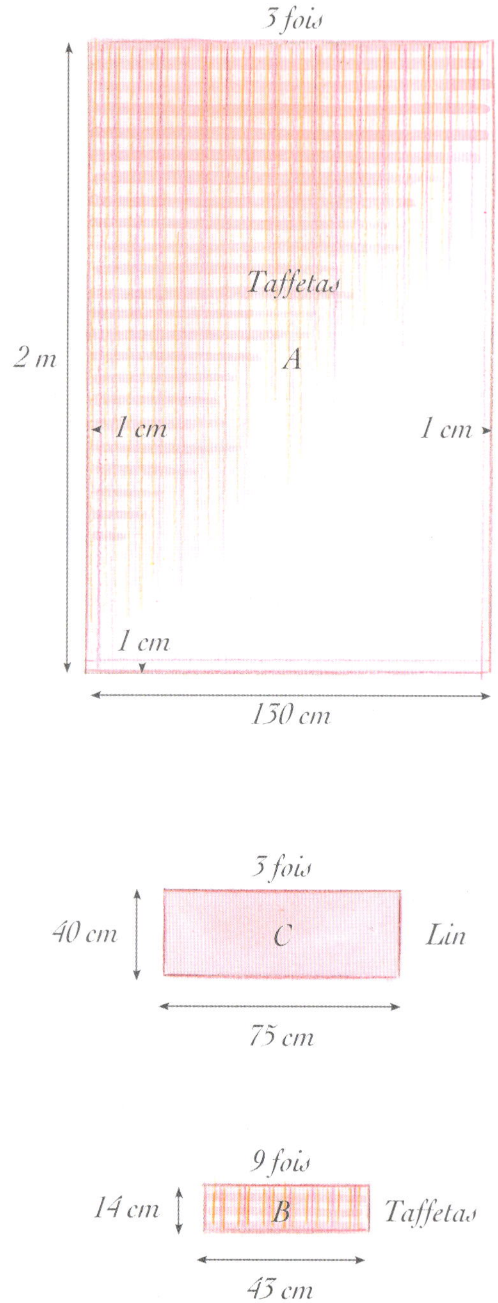

Fournitures

Pour trois rideaux de 0,70 m de largeur sur 2,10 m de hauteur :

- Taffetas écossais en 130 cm de largeur : 6,50 m.
- Lin en 150 cm de largeur : 0,80 m pour les liens.
- Fil DMC 100 % coton pour tissu épais n° 40, coloris sable.

1. Couper :
Dans le taffetas, trois fois 2 m en 130 cm (A) et neuf fois 14 x 43 cm (B).
Dans le lin, trois fois 75 x 40 cm (C).
Faire un petit ourlet de 1 cm tout autour des trois morceaux A, sur les quatre côtés.

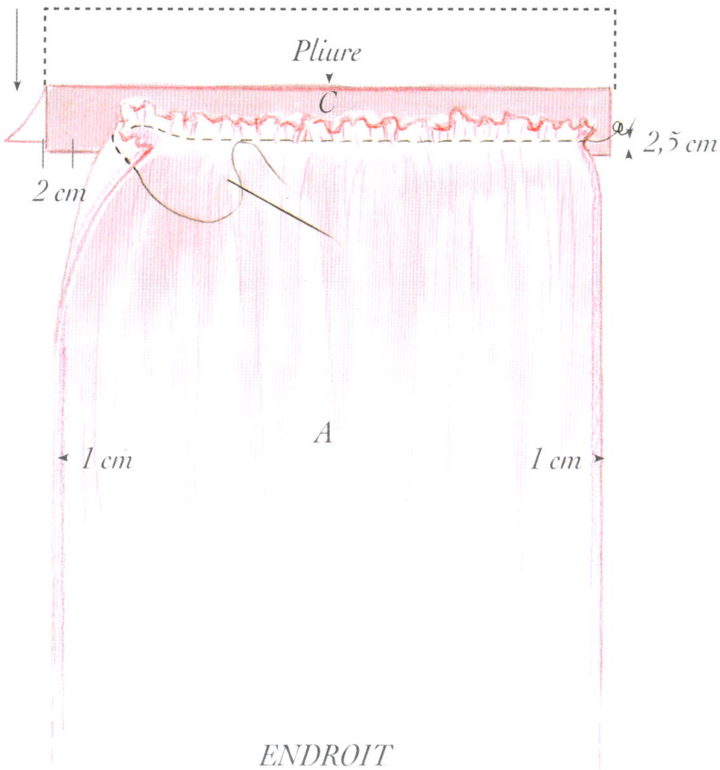

2. Froncer chaque morceau A en le posant sur C, en laissant dépasser à l'extérieur une tête de fronces de 2,5 cm et à 2 cm des bords.

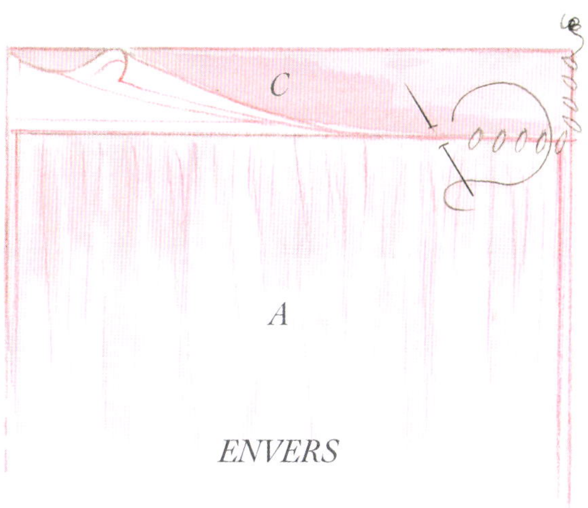

3. Rabattre la tête en lin à la main, à petits points.

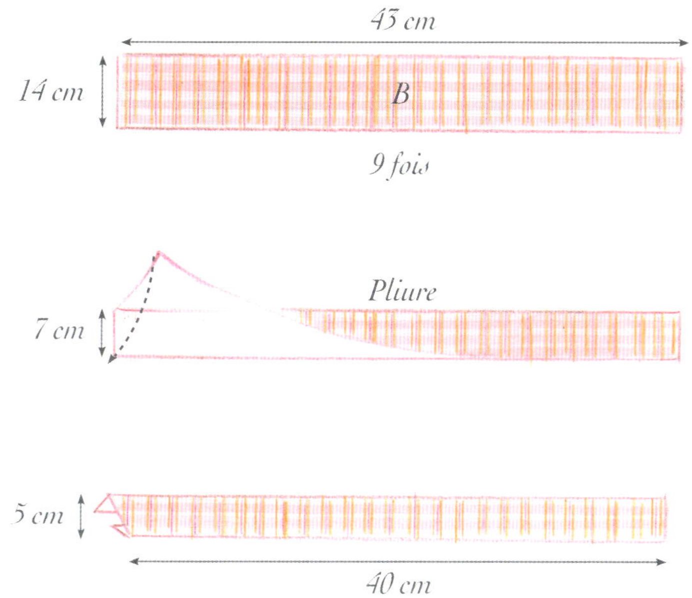

4. Préparer les neuf liens de 5 x 40 cm, en faisant une piqûre extérieure tout autour.

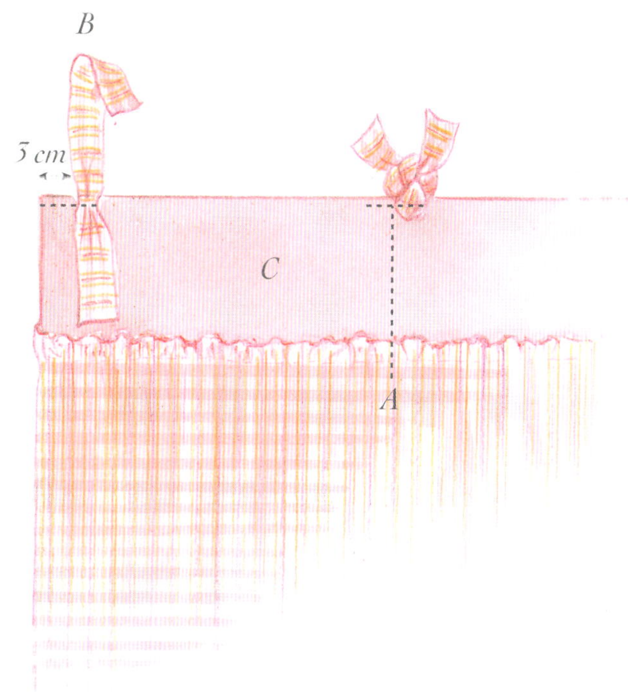

5. Coudre trois liens par rideau, en les fronçant, deux à 3 cm des bords, et le troisième au milieu.
Faire les deux autres rideaux.

La salle d'attente

Soie légère, très légère, presque diaphane, mais posée sur un panneau de lin épais et lourd, le tout retenu par un mince lien de coton de couleur sable. Deux chaises à dossier haut sont recouvertes du même lin.
Ce panneau est fait de deux morceaux de soie, longs et étroits, utilisés dans le sens de la largeur ; les bordures rouges sont, de ce fait, mises horizontalement en bordant chaque fois un volant.

Soie grège imprimée de noir, bordure rouge.

Soie grège imprimée de noir, bordée de rouge. Doublure en lin relevée par un petit lien de coton de couleur sable.

Fournitures

Pour un rideau de 1,80 m de largeur sur 2 m de hauteur :

- Deux panneaux de soie grège imprimés noir de 1,20 sur 3,20 m.
- Lin en 150 cm de largeur : 4,20 m.
- Sergé sable en 1 cm de largeur : 17,20 m.
- Fil DMC 100 % coton pour tissu épais n° 40, coloris sable.

Réalisation

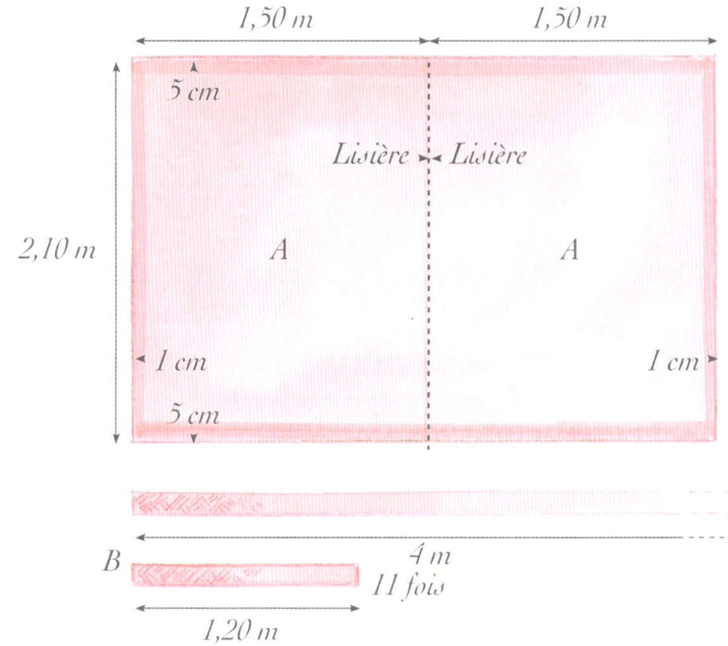

1. Couper dans le lin deux fois 2,10 m ; assembler par une couture, lisière contre lisière, et ourler sur les bords d'un petit ourlet de 1 cm. Faire un ourlet dans le bas et un ourlet dans le haut de 5 cm chacun (A).
Couper dans le sergé, une fois 4 m pour l'embrasse, et onze fois 1,20 m pour les liens (B).

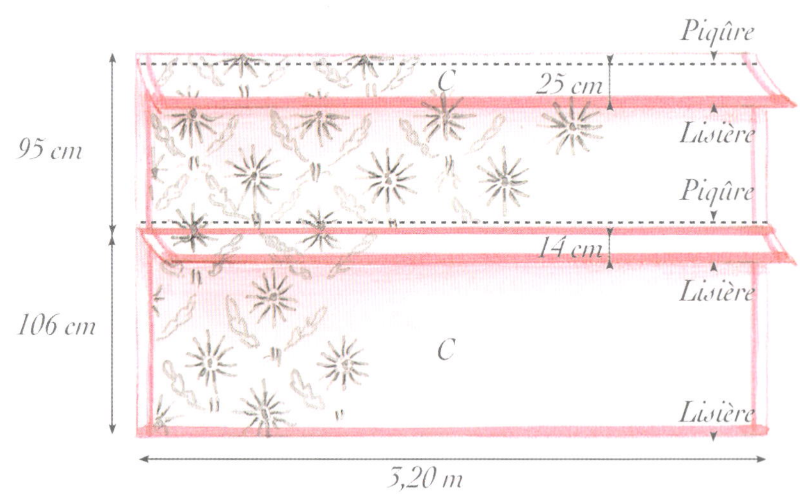

2. Utiliser les deux panneaux de soie (C) en travers et les assembler en réalisant un volant plat de 14 cm dans le morceau du bas.
Poser ensuite celui du haut et piquer au ras du liteau rouge. Faire un volant de 25 cm en haut du rideau.

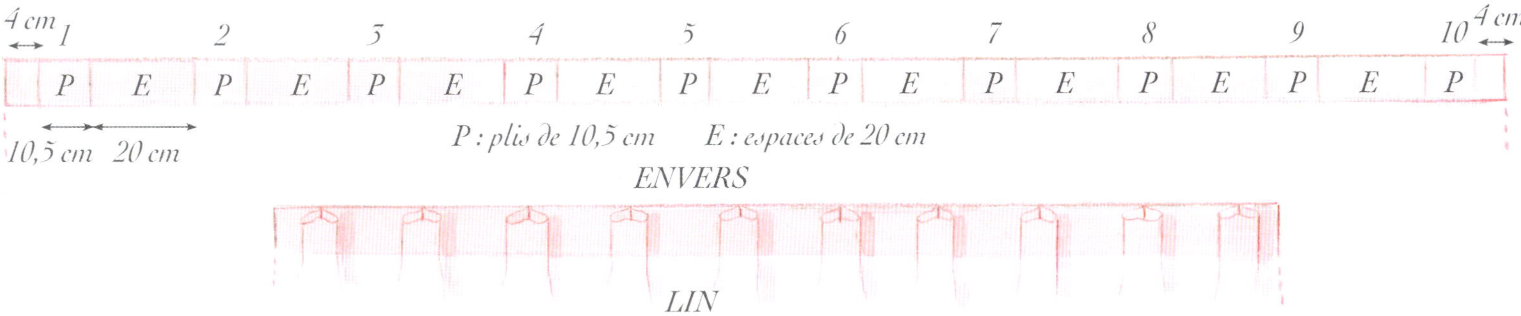

3. Faire les plis du rideau de lin (A), le premier et le dernier à 4 cm du bord. Les plis ont 10,5 cm de largeur et sont espacés de 20 cm. Faire ainsi dix plis.

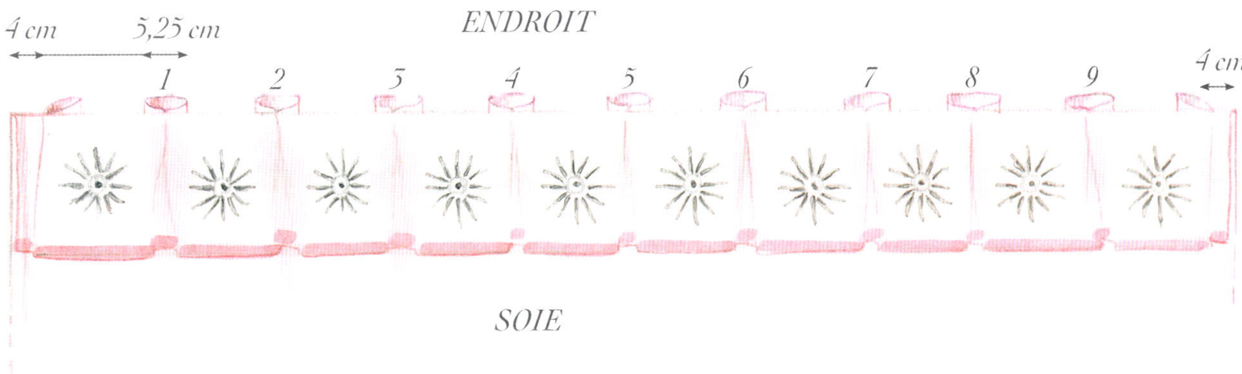

4. Sur le panneau de soie, faire un pli de 4 cm à chaque bord, puis des plis creux de 3 cm de profondeur afin de laisser les gros soleils au milieu. Faire neuf plis creux.

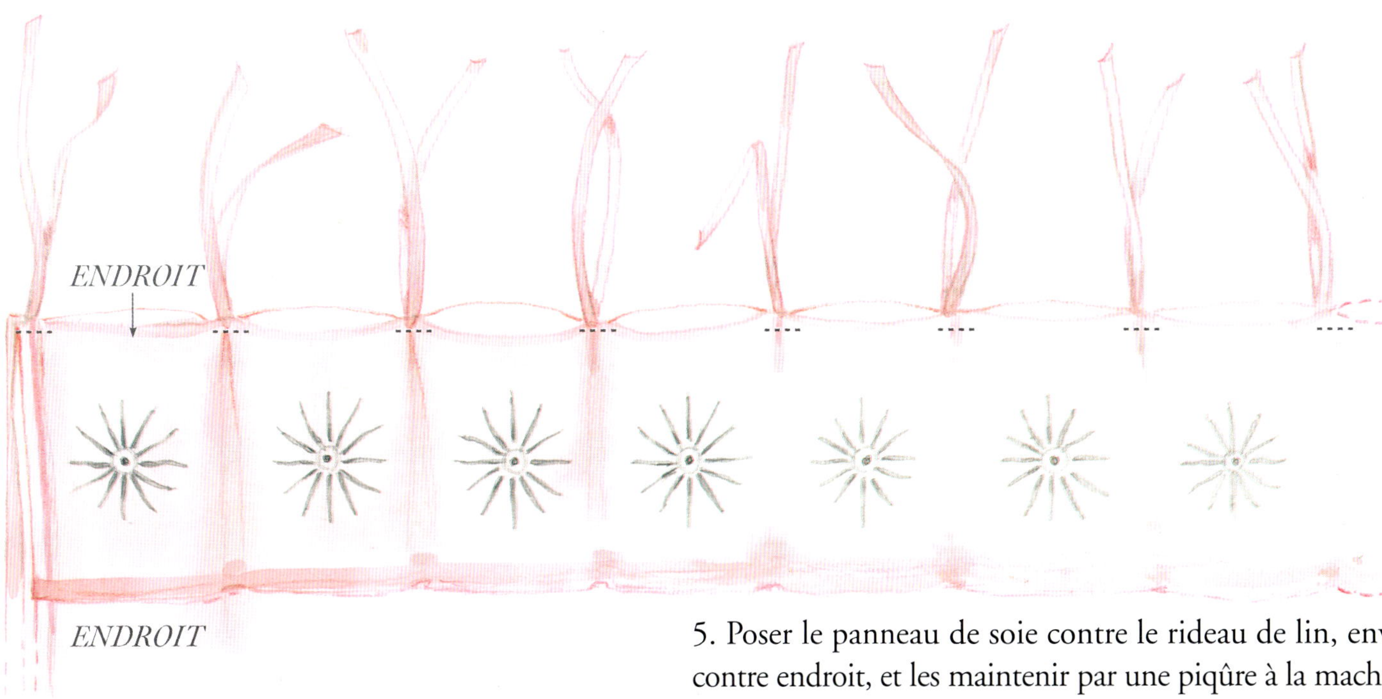

5. Poser le panneau de soie contre le rideau de lin, envers contre endroit, et les maintenir par une piqûre à la machine, en cousant en même temps les liens de sergé de 1,20 m de longueur, pliés en deux. Coudre onze liens.

Le bureau de monsieur

Monsieur écrit, monsieur peint, monsieur pense, monsieur aime son petit café. La pendule 1940 donne-t-elle l'heure ?
Les liens du bas servent à relever le rideau, parfois... ou à accrocher le bouillonné, si on le désire, dans le bas du rideau. C'est selon... Soie diaphane, rayures grises et grèges.
Rideau léger, très léger, la tête joue les sculptures en un tableau de soie et de liens de lin. Table très simple : tréteaux et plateau de bois, nappe en lin lourd. Sur la table, une aquarelle fine, un porte-stylos ancien, un tampon-buvard en bois... En toile de fond, cette soie craquante et fine. Couleur très douce.

Rayures de soie grises et grèges.

Tête en haut ou tête en bas. Tête bouillonnée placée, ici, en bas, nouée par les ficelles de lin.

Fournitures

Pour deux rideaux de 1,23 m de largeur sur 2,80 m de hauteur :

- Soie rayée gris et grège en 123 cm de largeur : 6,60 m.
- Toile épaisse écrue en 140 cm de largeur : 0,50 m pour la doublure de tête.
- Ficelle de lin fine : 144 m pour deux rideaux.
- Fil DMC 100 % coton pour tissu épais n° 40, coloris gris moyen.

Réalisation

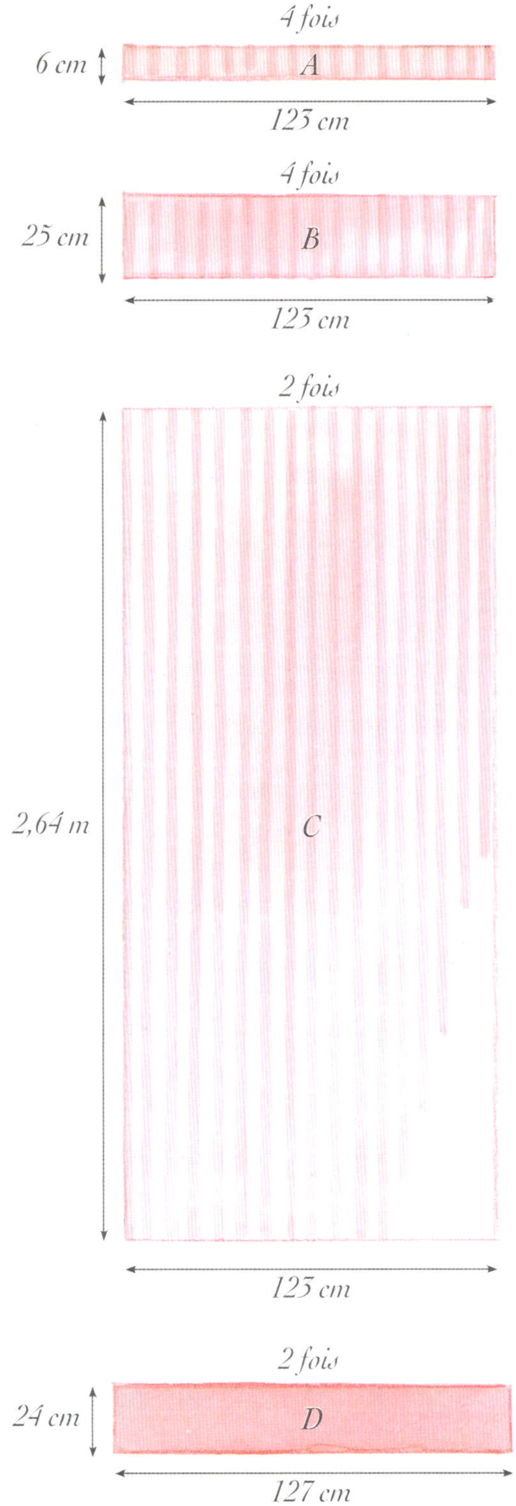

1. Pour deux rideaux, couper dans la soie rayée :
- quatre fois 6 x 123 cm (A) ;
- quatre fois 25 x 123 cm (B) ;
- deux fois 2,64 m x 123 cm (C).

Pour la doublure de tête : couper deux fois 24 x 123 cm (D).

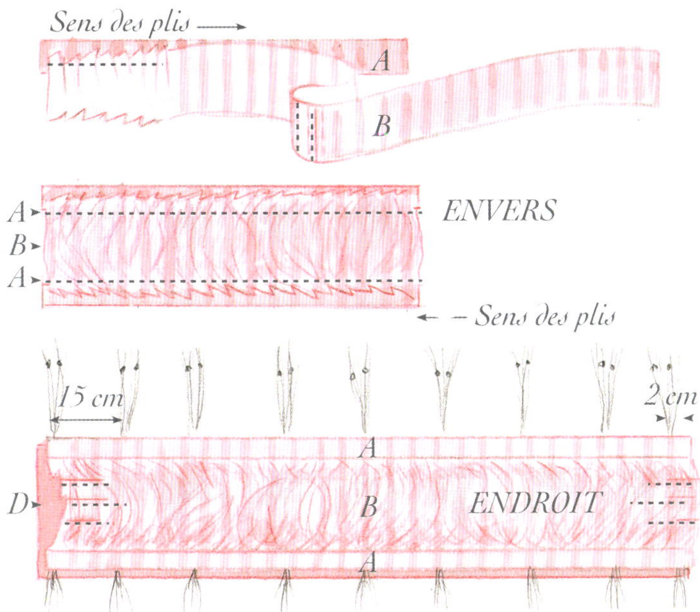

2. Pour réaliser un rideau, prendre deux morceaux de 25 x 123 cm (B). Les coudre ensemble pour obtenir un rectangle de 25 x 242 cm, puis le plisser sur le bord d'un morceau de 6 x 123 cm (A). Inverser le sens des plis en posant le deuxième morceau de 6 x 123 cm (A).
Pour faire un bouillonné : placer la doublure en la tendant sur les bords (A), et en faisant gonfler le centre (B).

Sculpture de soie,
réveil en Bakélite et encre bleue.

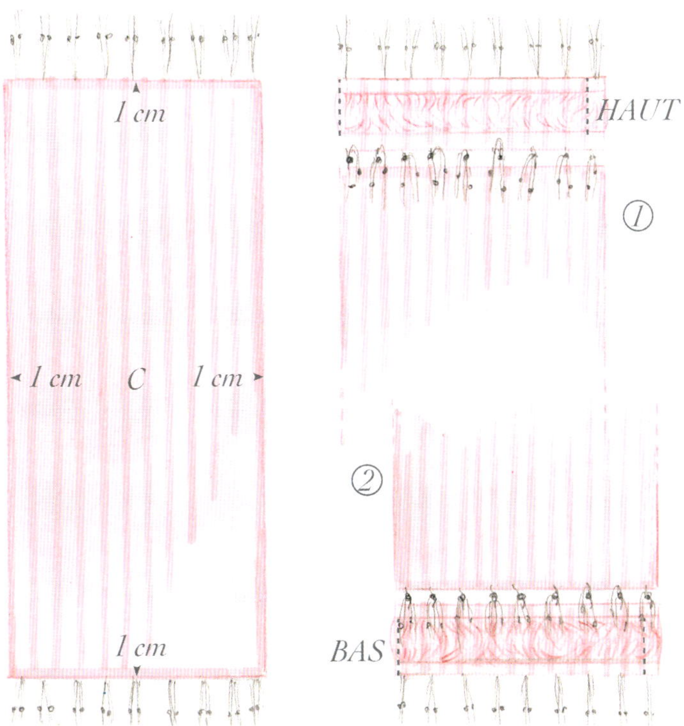

3. À ce moment (voir 3e schéma, en haut à gauche), placer les liens entre la soie rayée et la doublure. Chaque lien est fait de quatre brins de ficelle de lin de 50 cm de longueur, soit 2 m. Poser neuf liens, le premier et le dernier à 2 cm de chaque bord du rideau, les sept autres tous les 15 cm.

4. Dans le bas du rideau, faire un ourlet de 1 cm sur les quatre côtés, et mettre les ficelles de la même manière, afin de placer le bouillonné, soit dans le haut, soit dans le bas du rideau. Poser les premiers liens, comme précédemment, à 2 cm des bords, et les autres tous les 15 cm.

La chambre du voyageur

Peut-être une petite sieste vient-elle de se terminer ou se prépare-t-elle ?
La chemise fraîche, le verre d'eau et le rideau aux couleurs aquatiques, aux tons changeants. Ce bleu près des verts, doublure très blanche tout comme le lit : cache-couverture d'Arles, damassé, festonné et brodé, taie immaculée, chaise de parc couverte souplement de lin blanc, petit lien de coton. Les franges des bords de ces panneaux se retrouvent au centre et s'entremêlent de chaque côté de la couture. Tons froids et sourds.

Cotons changeants bleus et verts.

Six carrés : trois couleurs, les franges des bords sont passées au milieu.

Fournitures

Pour un rideau de 1,33 m de largeur sur 2,30 m de hauteur :

- Trois panneaux de coton changeant de 87 sur 210 cm, dans les coloris suivants : bleu, vert foncé, vert clair.
- Satinette blanche pour la doublure en 150 cm de largeur : 5 m.
- Quatre boutons dorés de 2 cm de diamètre.
- Cinq anneaux de cuivre ancien.
- Fil DMC 100 % coton pour tissu épais n° 40, coloris gris moyen.

Réalisation

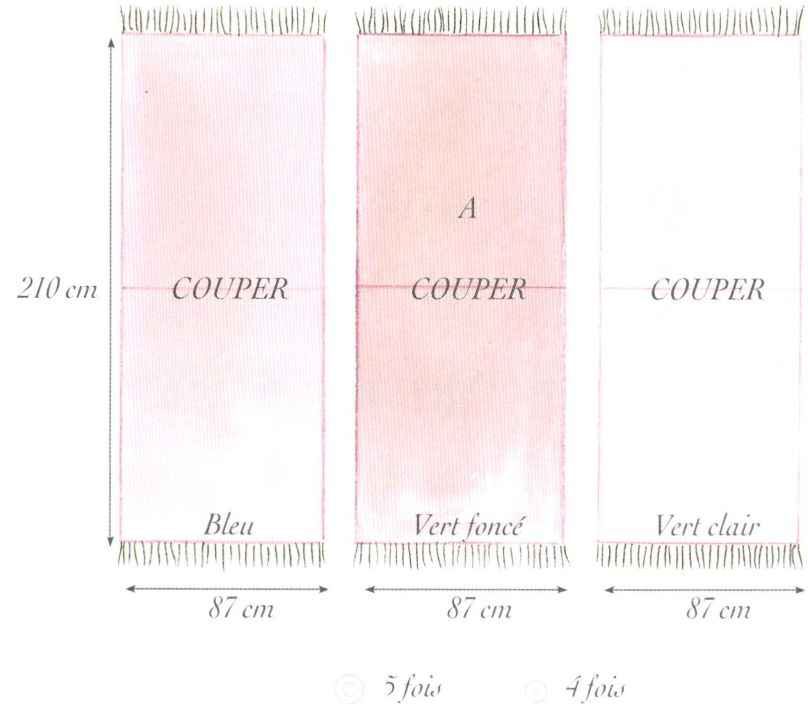

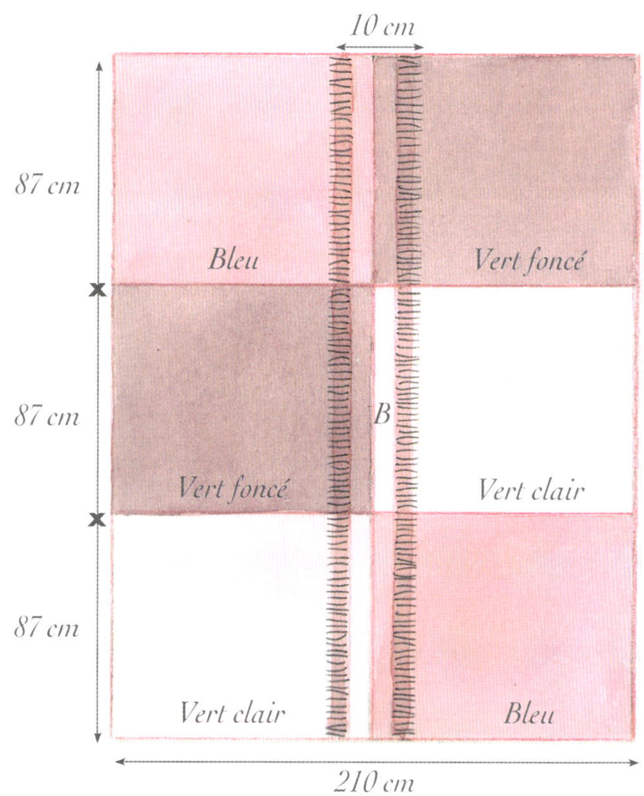

1. Couper les trois panneaux en deux pour avoir un morceau de 87 x 210 cm, et les coudre ensemble (A) en laissant au centre les franges des bords. Faire la couture à 5 cm des franges (B).

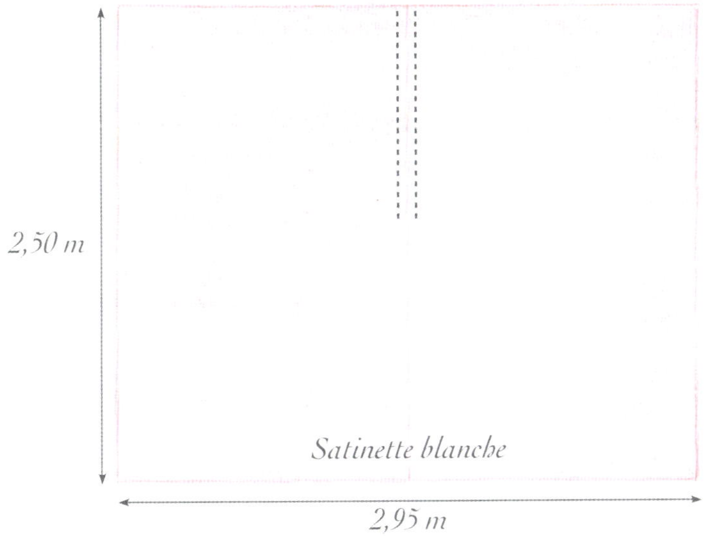

2. Avec la satinette, réaliser un rectangle de 2,50 de hauteur x 2,95 m de largeur.

3. Appliquer endroit contre endroit, et coudre sur trois côtés (sauf le haut).

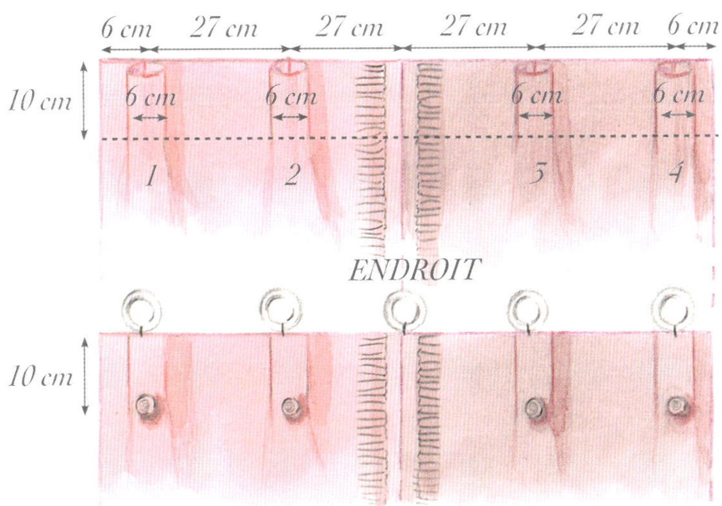

Plis de la tête maintenus par des boutons dorés et anneaux de cuivre.

4. Retourner, faire dans le haut un ourlet de 10 cm. Réaliser les quatre plis de 12 cm, le premier à 6 cm du bord, le deuxième à 27 cm du premier pli. On arrive ainsi au milieu. Faire de même sur l'autre moitié.
Ensuite, piquer les plis sur les 10 cm de l'ourlet, les aplatir au fer à repasser, et coudre les boutons dorés au milieu de chaque pli. Coudre un anneau à chaque pli et un au milieu du panneau.

Les doublés, les réversibles

Nos rideaux doublés sont presque tous réversibles. Doublure aussi belle ou plus belle que le rideau vu de l'intérieur.

Beau rideau vu du jardin, de la rue, lors d'une promenade en autobus, tous les rideaux sont superbes.

Placés dans nos maisons six mois d'un côté, six mois de l'autre, l'envers vaut l'endroit. Les doublures sont fleuries, en mousseline légère, volant au centre, sur les côtés, petit volant ou volant démesuré. Les rideaux vont et viennent, la poussière n'a pas le temps de s'installer. Même les abeilles brodées ne savent où donner de la tête.

La salle à manger aux perdrix blanches

Tout est blanc, les rideaux, la nappe brodée, les housses de chaise, la vaisselle… et les perdrix. Repas d'amoureux, mets simples, toujours le calme et la quiétude, ambiance reposée, sans heurts, peut-être un brin de nostalgie. La satinette blanche enrichie par les plis religieuse tombent lourdement, la doublure de lin blanc est posée simplement par quelques petits crochets de coton. Elle reste souple et flottante. Anneaux de laque blanche et petits liens pour les tenir. Les plis religieuse sont très larges, et entre chaque pli on retrouve la même dimension. Jolie musique !

Satinette blanche à plis religieuse et lin blanc.

Plis religieuse en satinette blanche et doublure de lin blanc. Là où l'on voit comment est maintenue la doublure, en glissant simplement le lien du rideau dans le crochet de sergé de la doublure de lin blanc.

Fournitures

Pour quatre rideaux de 1,55 m de largeur sur 2,60 m de hauteur :

- Satinette blanche en 160 cm de largeur : 22,40 m.
- Lin blanc en 160 cm de largeur : 10,60 m pour la doublure.
- Sergé de coton blanc en :

- 2 cm de largeur, 24 m ;
- 1 cm de largeur, 2,80 m.

- Fil DMC 100 % coton pour tissu épais n° 50, coloris blanc.

Réalisation

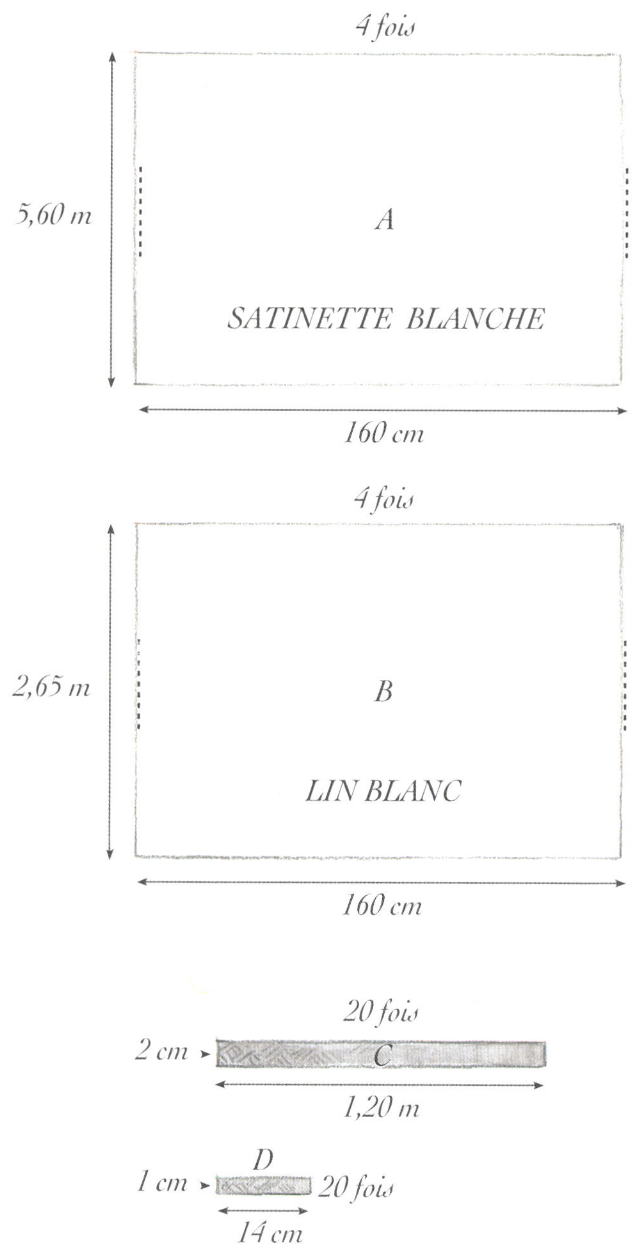

1. Couper :
Dans la satinette, quatre fois 5,60 m x 160 cm (A).
Dans le lin blanc, quatre fois 2,65 m x 160 cm (B).
Dans le sergé :
- de 2 cm, vingt fois 1,20 m (C) ;
- de 1 cm, vingt fois 14 cm (D).

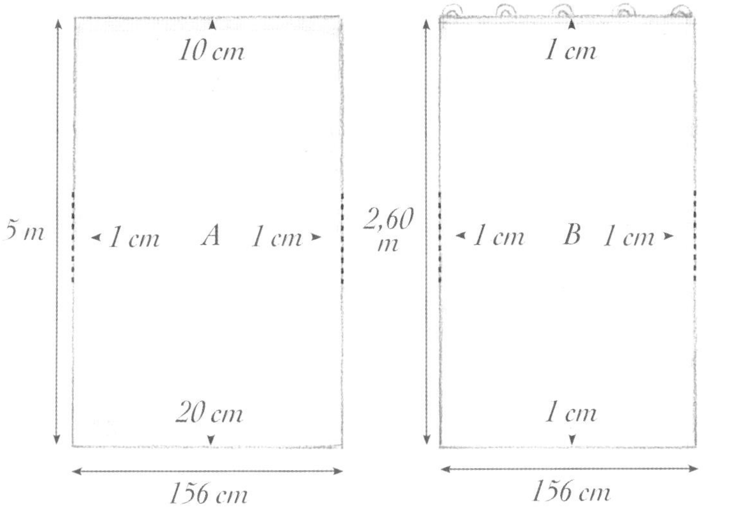

2. Dans la satinette (A), réaliser des ourlets de 1 cm sur les côtés ; dans le bas, faire un ourlet de 20 cm ; dans le haut, un ourlet de 10 cm.
Dans le lin (B), faire un ourlet de 1 cm sur les côtés, ainsi que dans le bas et dans le haut, tout en glissant les crochets de sergé de 14 cm. En mettre cinq par panneau.

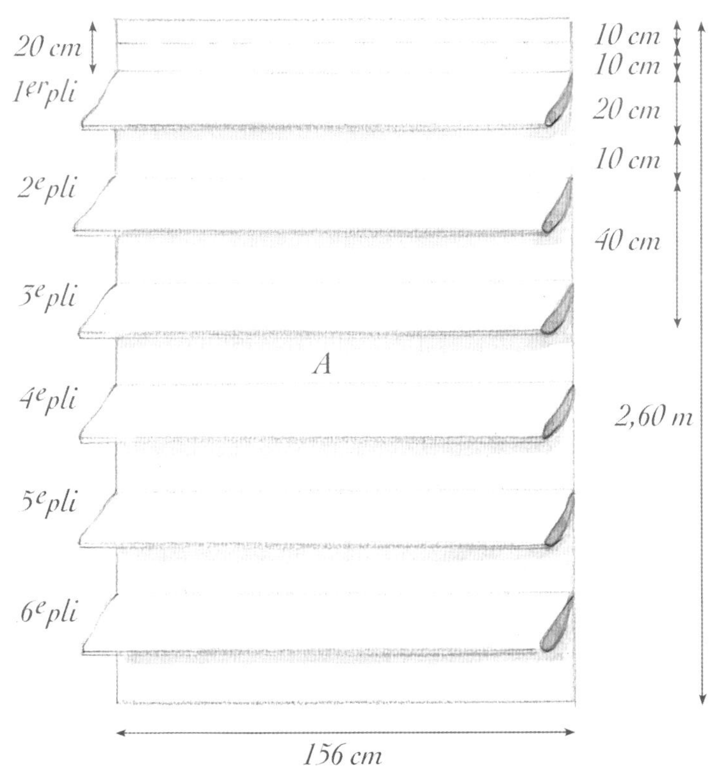

3. Dans la satinette, à 20 cm à partir du haut, faire un premier pli de 20 cm de largeur, espacer chaque pli de 20 cm (plier 40 cm en deux). Réaliser ainsi six plis.
On peut remarquer, sur le croquis, que les coutures des plis sont espacées de 40 cm, pour obtenir un espace de 20 cm.

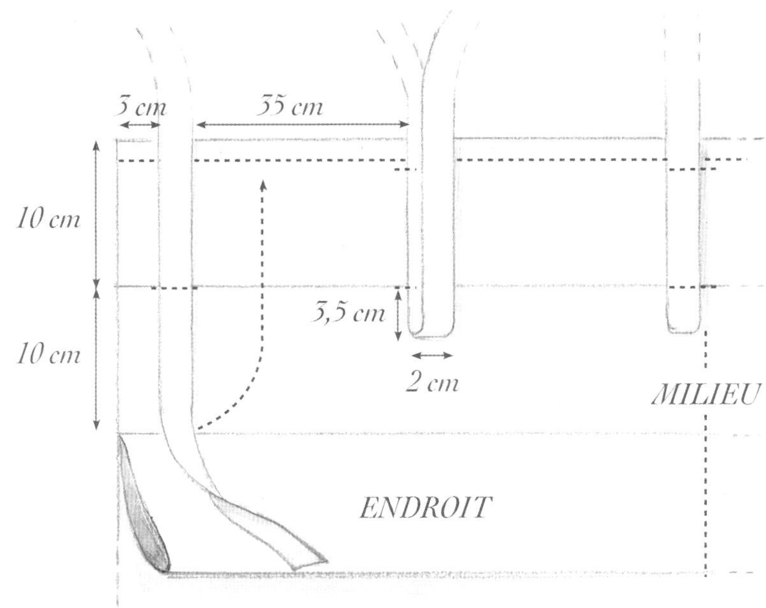

4. Pour placer les liens de sergé de 1,20 m, les plier en deux, puis les coudre en haut et en bas de l'ourlet en laissant dépasser en bas 3,5 cm.
Poser le premier lien à 3 cm du bord, puis espacer de 35 cm environ.

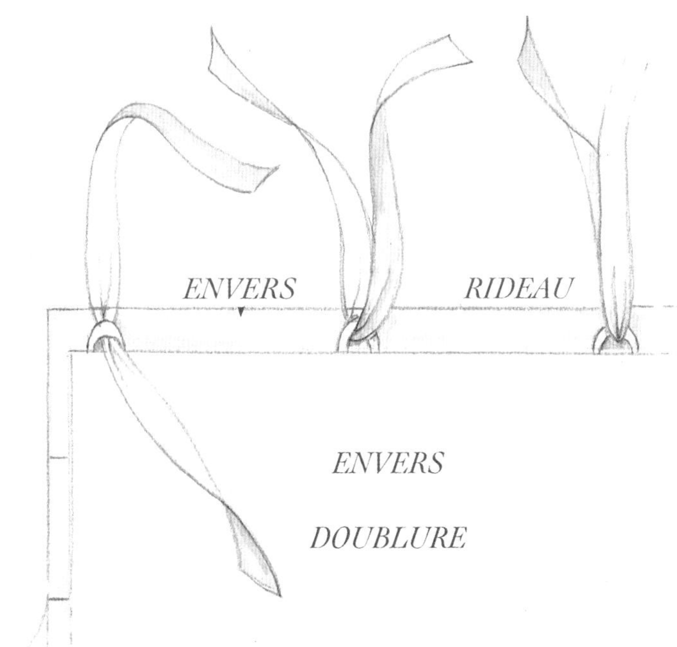

5. Pour placer la doublure, prendre le lien arrière du rideau et le glisser dans le crochet de sergé de la doublure en lin blanc. Nouer le rideau normalement.

La salle à manger pour petit déjeuner

Salle à manger transformée en wagon-restaurant, style Orient-Express. Tout est douceur, et les abeilles brodées de la gaze de lin chantent le long des rideaux. La doublure des rideaux est toute fine, faite de mousseline blanche légère, et le bas de cette doublure est, lui, très froncé dans la partie qui dépasse. Petit déjeuner pour la grande forme : jus de fruits, toasts de miel, café léger. Longs liens de deux largeurs et de deux couleurs, écru et blanc. Collection d'objets en verre sur le rebord de la fenêtre. Nappe et serviettes blanches en lin brodé. Du Portugal, cafetière et tasses en faïence crème.

Gaze de lin brodée d'abeilles.

Tête du rideau où l'on voit les plis plats avec, en leur milieu, une abeille.

Fournitures

Pour deux rideaux de 0,69 m de largeur sur 2,95 m de hauteur :

- Gaze de lin brodée d'abeilles en 105 cm de largeur : 4,10 m.
- Mousseline de coton blanche en 150 cm de largeur : 7,70 m.
- Sergé de coton écru en 2 cm de largeur : 10 m.
- Sergé de coton blanc en 1 cm de largeur : 10 m.
- Fil DMC 100 % coton pour tissu épais n° 40, coloris blanc.
- Fil DMC 100 % coton pour tissu épais n° 40, coloris écru.

Réalisation

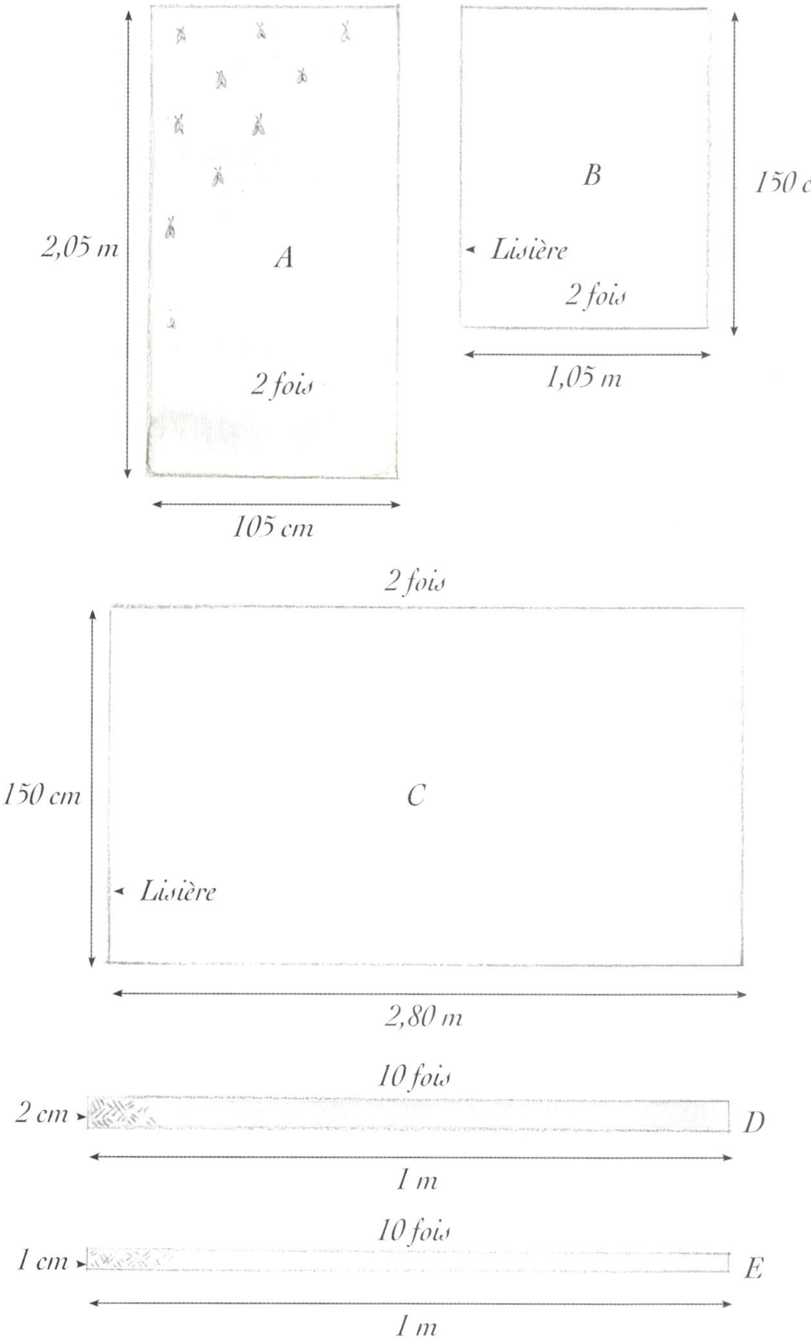

1. Couper :
Dans la gaze brodée, deux fois 2,05 m x 105 cm (A).
Dans la mousseline blanche pour la doublure :
- deux fois 1,05 m x 150 cm (B) ;
- deux fois 2,80 m x 150 cm (C).
Dans le sergé écru, dix fois 1 m (D).
Dans le sergé blanc, dix fois 1 m (E).

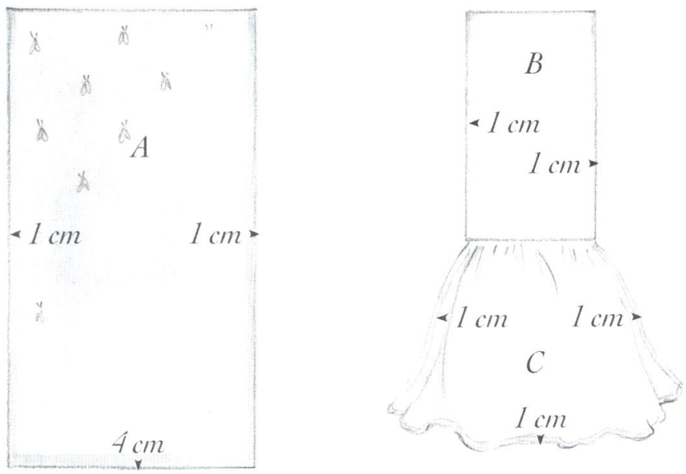

2. Dans la gaze brodée, faire un ourlet de 1 cm sur les côtés et un ourlet de 4 cm dans le bas.
Dans la mousseline blanche, froncer le volant C sur B, et faire ensuite un ourlet de 1 cm sur les côtés et dans le bas.

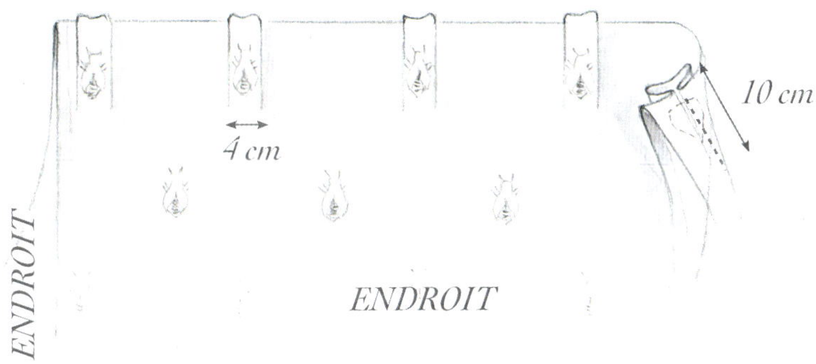

3. Placer endroit contre envers (doublure). Faire une piqûre, rabattre la doublure sur l'arrière. À la tête du rideau, faire des plis plats de la largeur d'une abeille environ, soit 4 cm. Piquer autour de l'abeille pour maintenir. Dans une largeur, on a ainsi cinq plis et cinq abeilles.

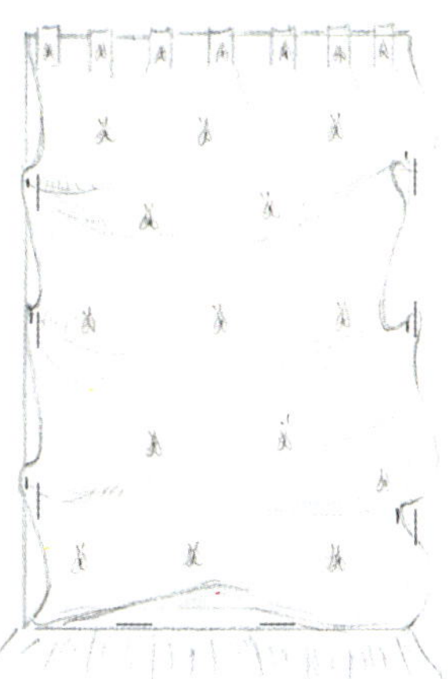

4. Maintenir, par quelques points à la machine, le bas du rideau en gaze brodée au niveau des fronces du volant, et répartir le reste de l'ampleur en trois points.

Bas du rideau et volant de mousseline très froncée. Long cassant, très généreux.

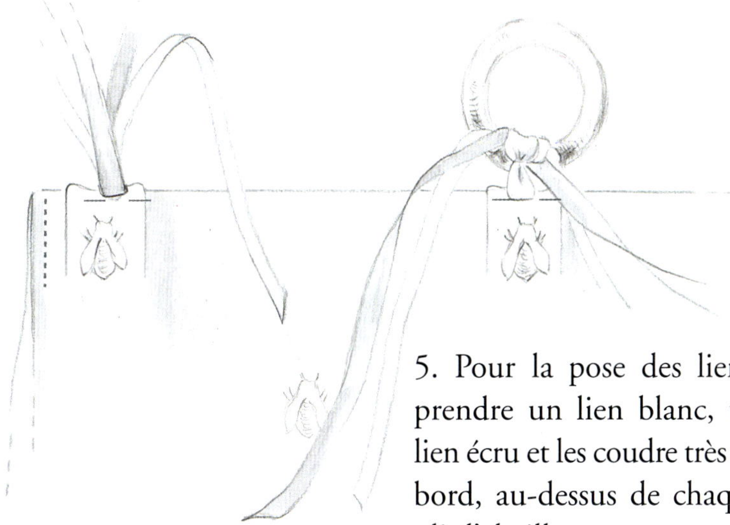

5. Pour la pose des liens, prendre un lien blanc, un lien écru et les coudre très au bord, au-dessus de chaque pli d'abeille.

Le boudoir

Pièce pour se retrouver, pour faire ou pour rêver, réfléchir et penser, pour s'isoler, restaurer un objet, préparer une installation. Rideau en lin lourd, tout doublé d'imprimé, large volant dépassant sur un bord, placé indifféremment au centre ou sur les côtés.
Les fines ficelles de lin accrochent ces rideaux et les embrasses : une ribambelle de petits pots de jardinier enfilés dans un lien comme un collier, un pot tête en haut, un autre tête en bas.
Ces embrasses longues tombent du haut de la tringle, et remontent en attrapant le rideau au passage !

Lin sable et imprimé jaune et rouge. Volant imprimé au centre.

Volant double posé à petits plis, accroches en ficelle de lin.

Fournitures

Pour deux rideaux de 1,40 m de largeur sur 3,20 m de hauteur :

- Lin sable en 150 cm de largeur : 6,50 m.
- Imprimé fond jaune, rouge et bleu en 140 cm de largeur : 9,50 m.
- Sergé écru en 2 cm de largeur : 7 m pour faire deux embrasses.
- Ficelle de lin pour les liens d'accroche : 110 m (144 liens).
- Fil DMC 100 % coton n° 40 pour tissu épais, coloris sable.
- Petits pots en terre de fleuriste (une cinquantaine).

Réalisation

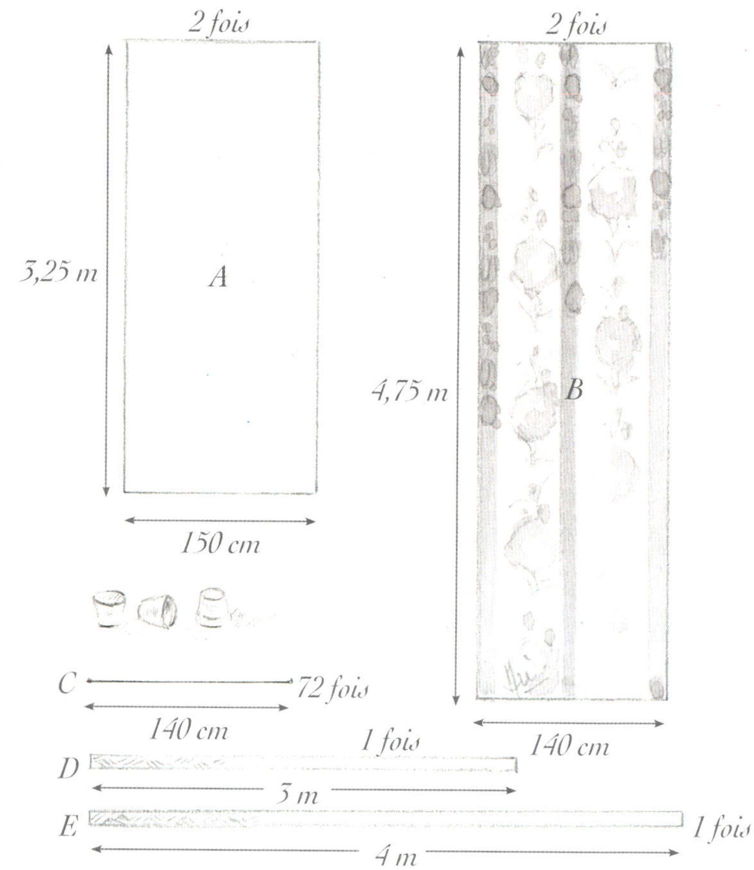

1. Couper :
Dans le lin, deux fois 3,25 m x 150 cm (A).
Dans l'imprimé, deux fois 4,75 m x 140 cm (B).
Dans la ficelle de lin, soixante-douze fois 140 cm (C).
Dans le sergé, une fois 3 m (D) et une fois 4 m (E).

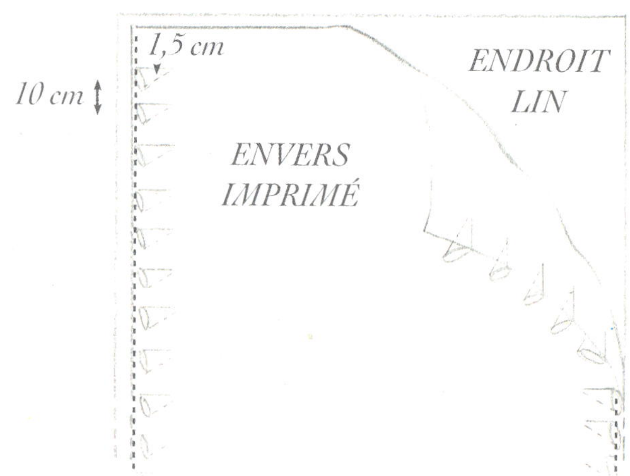

2. Coudre le volant imprimé sur le lin, endroit contre endroit, par deux coutures verticales, en réalisant de petits plis de 1,5 cm de profondeur, tous les 10 cm environ.

3. Glisser le volant pour avoir d'un côté, ou de l'autre, un volant imprimé de 40 cm. Faire la piqûre du bas. Retourner.

Cassant de lin et de toile imprimée, enroulé sur lui-même.

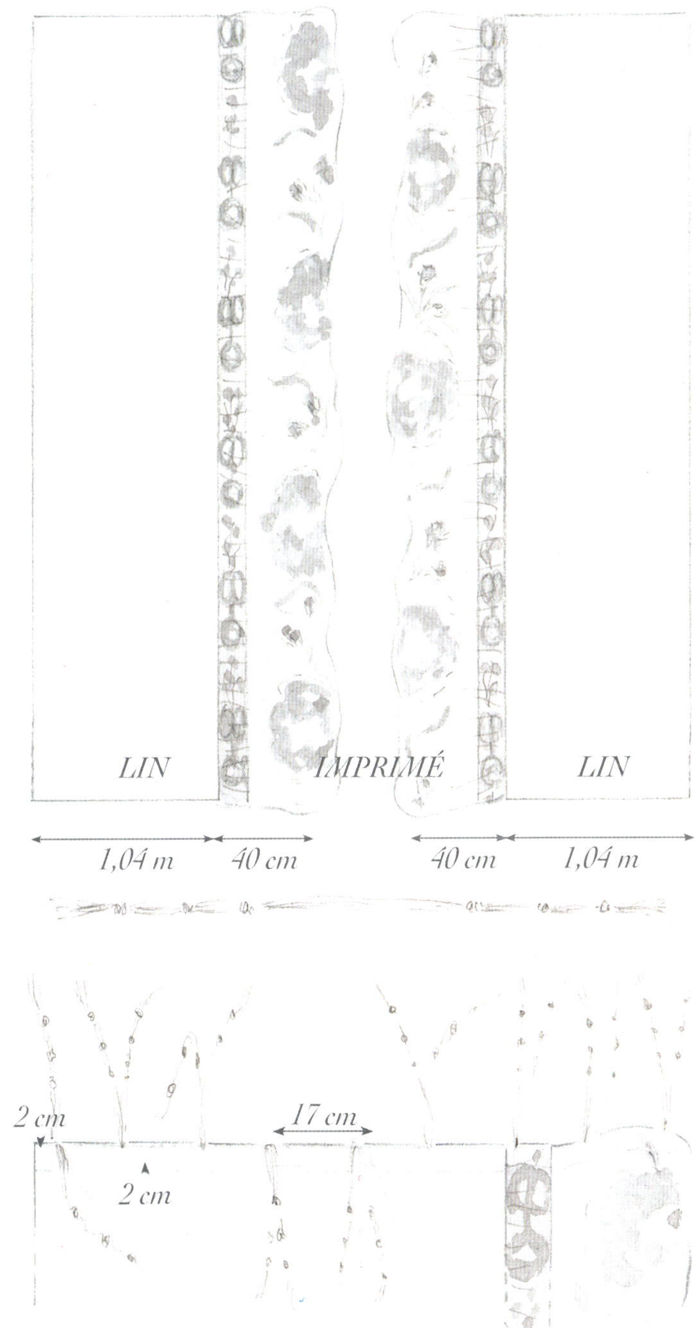

4. Faire un rideau gauche et un rideau droit. Fermer le haut par un rentré de 2 cm et placer les neuf liens en prenant quatre brins de ficelle après les avoir noués ensemble.

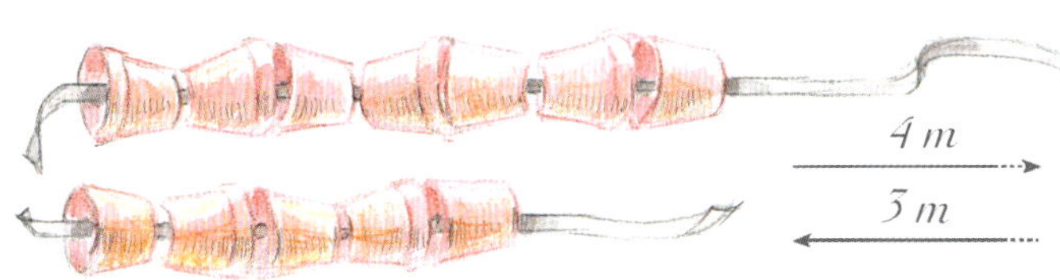

5. Enfiler les pots dans les brins de sergé.

Le boudoir

Les rideaux du modèle précédent sont inversés, et le volant passe sur les bords. Les rideaux sont, de ce fait, plus colorés, on découvre plus d'imprimé, le lin est passé en doublure, les bords se ramènent au centre tout naturellement. Les embrasses, colliers de petits pots, ne sont plus là.

Glisser les volants imprimés à l'extérieur.
Terminer comme précédemment (voir étape 3, page 87).

Lin sable et imprimé jaune et rouge. Volant imprimé à l'intérieur.

Le cellier

Rideau lourd, très lourd, imprimé de pommes, fraises des bois, cerises, et de fleurs pour la doublure qui se retourne sur l'endroit à la tête du rideau. Embrasse avec les mêmes godets, resserrés en leur milieu aussi sur le côté imprimé. Rideau en toile écrue unie, mais tout de même en transparence, on voit fruits et fleurs. L'embrasse, assez longue, happe le rideau au milieu et s'accroche à la tringle. Pièce fraîche pour conserver les pommes une partie de l'hiver. Chaise de parc houssée de toile écrue.
Du jardin, on voit le côté joyeux du rideau avec cette cascade de fruits et de fleurs.

Toile écrue et toile imprimée de fruits et fleurs.

Transparence de la toile écrue où l'on voit les fruits et les fleurs de la doublure.

Fournitures

Pour un rideau de 2,12 m de largeur sur 2,75 m de hauteur :

- Imprimé « Verger » sur fond écru en 140 cm de largeur : 10,50 m.
- Toile écrue en 140 cm de largeur : 10,50 m.
- Sergé de couleur chocolat en 1 cm de largeur : 8,20 m.

Pour une embrasse de 2 m de longueur :

- Sergé écru :

- en 1 cm de largeur : 5,40 m ;
- en 2 cm de largeur : 0,60 m.

- Fil DMC 100 % coton pour tissu épais n° 40, coloris écru.

Réalisation

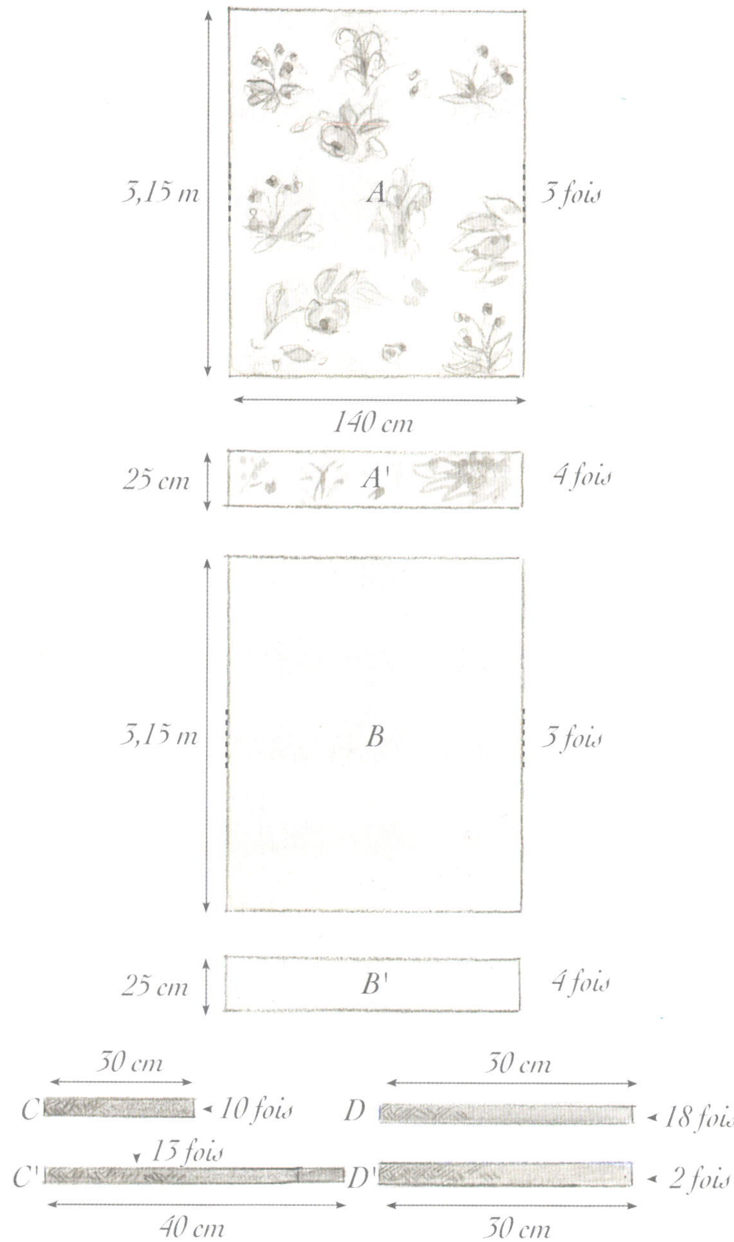

1. Couper dans l'imprimé :
- trois fois 3,15 m x 140 cm pour le rideau (A) ;
- quatre fois 25 x 140 cm pour l'embrasse (A').

Couper dans la toile écrue :
- trois fois 3,15 m x 140 cm pour le rideau (B) ;
- quatre fois 25 x 140 cm pour l'embrasse (B').

Couper dans le sergé chocolat en 1 cm de largeur :
- dix fois 30 cm pour les liens des plis (C) ;
- treize fois 40 cm pour les liens du haut (C').

Couper dans le sergé écru :
- en 1 cm de largeur, dix-huit fois 30 cm pour les plis (D) ;
- en 2 cm de largeur, deux fois 30 cm pour les attaches (D').

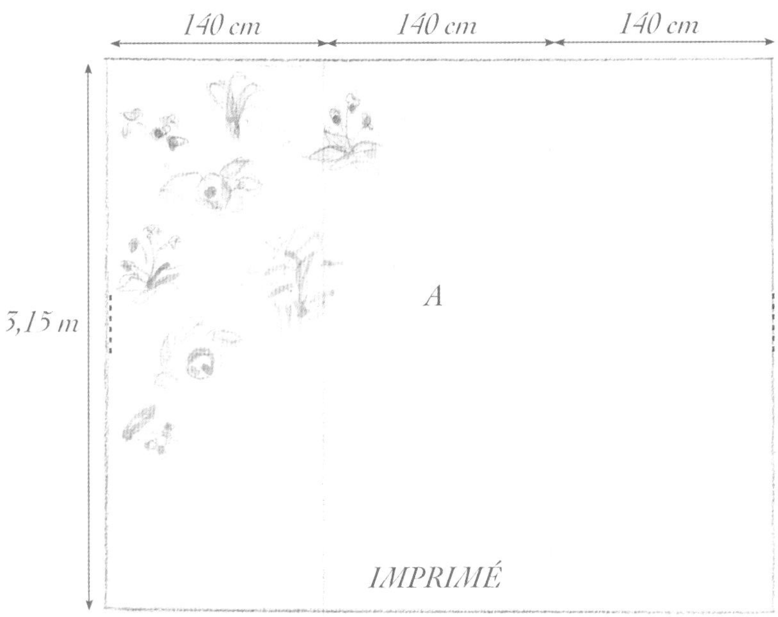

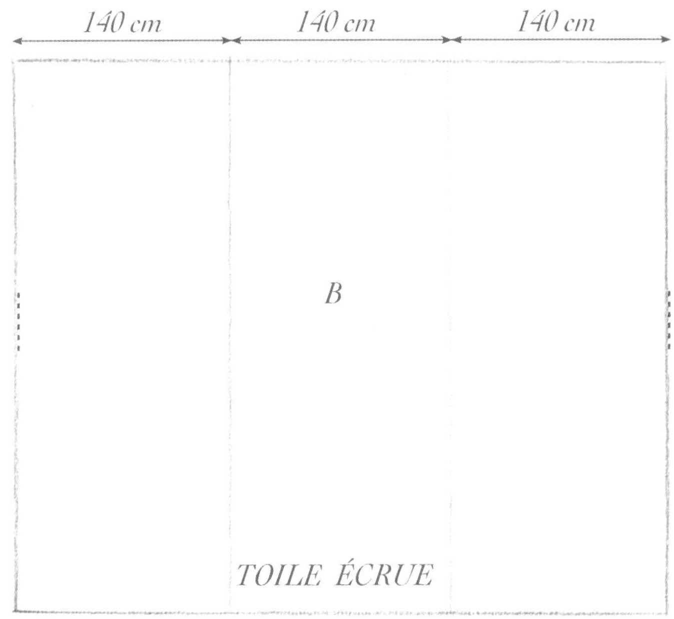

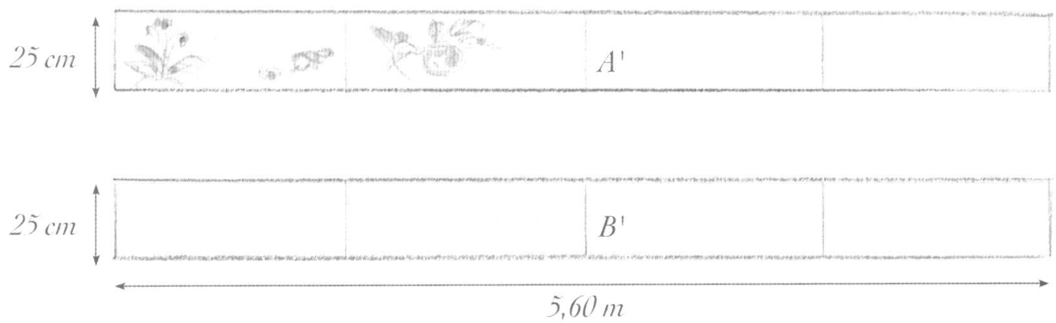

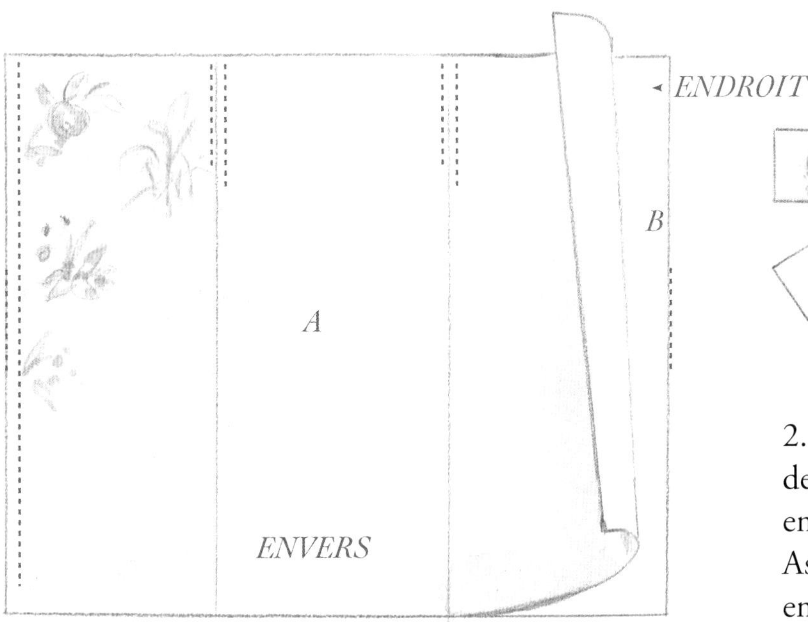

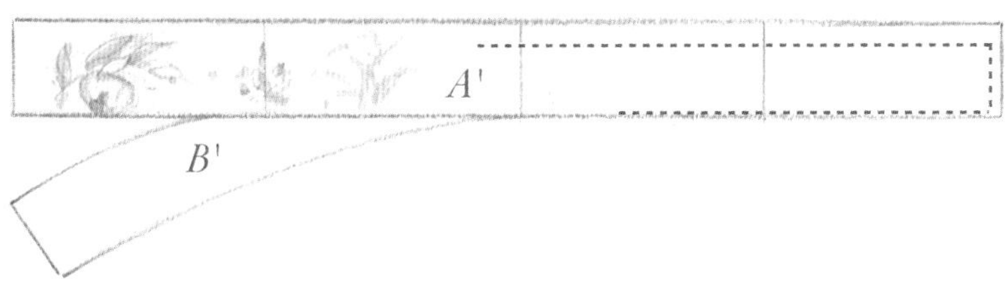

2. Assembler les trois lés imprimés et en toile écrue par des coutures verticales (A et B). Les placer endroit contre endroit, et coudre sur trois côtés ; laisser le haut ouvert. Assembler les quatre morceaux (A' et B') pour les embrasses. Coudre la toile écrue.

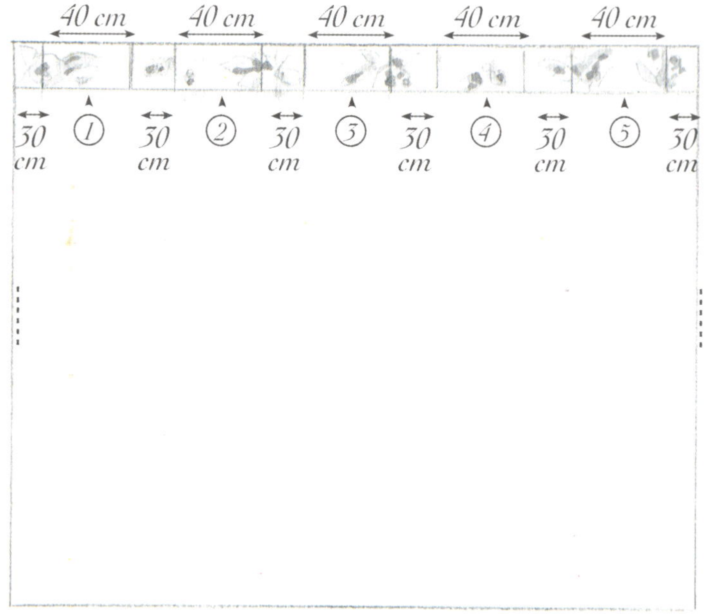

3. Dans le haut du rideau, faire un ourlet de 20 cm, côté imprimé. Bien épingler. Préparer les cinq plis de 40 cm espacés de 37 cm. Faire ainsi cinq plis au total, le dernier à 30 cm du bord (voir ci-dessous).
Plier les 40 cm des plis et faire une piqûre à la machine sur les 20 cm de l'ourlet, en glissant au centre un lien de 30 cm pour froncer ce pli (voir ci-contre, en haut).

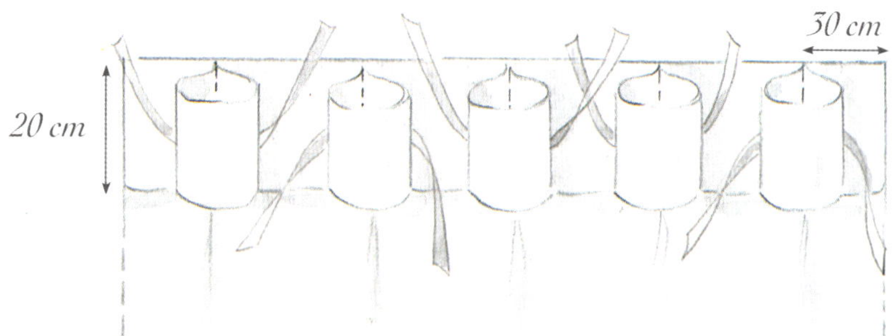

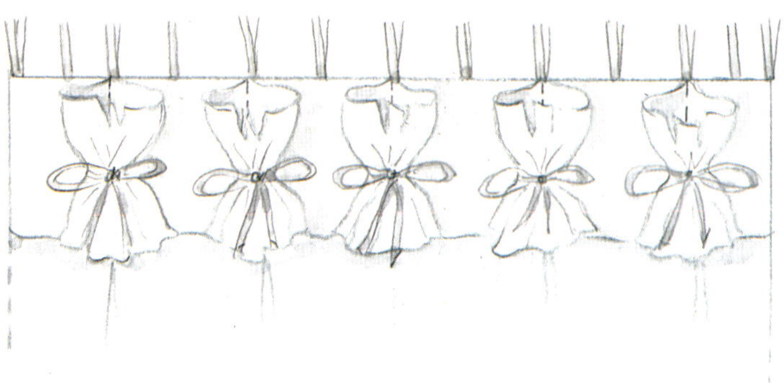

4. Placer les treize liens de 40 cm.

Embrasse en toile imprimée, posée sur le dossier de la chaise. Assiette en porcelaine de Limoges, décorée aussi de pommes.

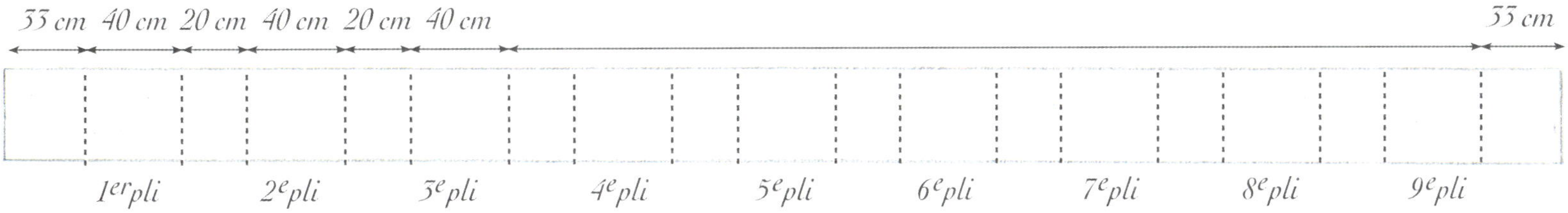

5. Pour l'embrasse, faire de même mais avec neuf plis de 40 cm et ne laisser entre les plis que 20 cm ; laisser au début et à la fin 33 cm.

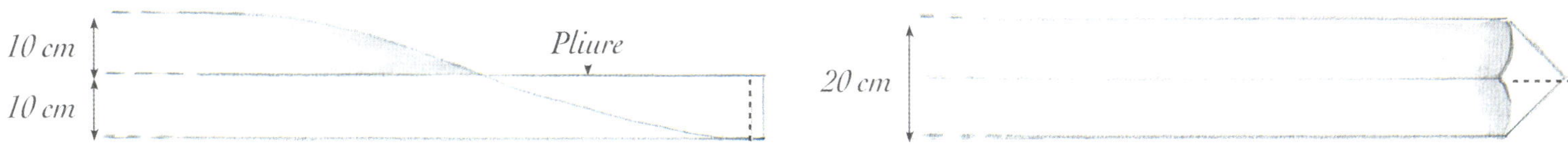

6. Pour les bords, fermer le bout en capucin en pliant et en faisant une piqûre sur les 12 cm. Placer le sergé de 2 x 30 cm, un à chaque bout.
Froncer tous ces plis en réalisant les nœuds.

La pièce aux poires

Rideau en trois morceaux, un côté poussé, l'autre relevé. La pièce est lumineuse, le soleil est bien là. Petite pose à onze heures pour manger un fruit, une poire juteuse et belle. Pièce ensoleillée, jaune du soleil, jaune du tissu, jaune des fruits, nappe brodée immaculée. Petit en-cas. Petite musique. La journée a commencé tôt et va finir tard. Il faut faire des petites poses pour être toujours bon, ou essayer de l'être...
Ce rideau peut être mis de l'autre côté, imprimé devant, organdi pour être vu du dehors.
C'est un rideau sage, simple et peut-être un peu campagnard.

Rayures de fleurs et organdi.

Tête du rideau imprimé
et organdi posé en transparence.

Fournitures

Pour trois rideaux de 1,46 m de largeur sur 2,78 m de hauteur :

- Organdi blanc en 160 cm de largeur : 9 m.
- Imprimé, rayures de fleurs en 138 cm de largeur : 9 m.
- Sergé blanc en 2 cm de large : 18 m.
- Fil DMC 100 % coton pour tissu épais n° 40, coloris blanc.

Réalisation

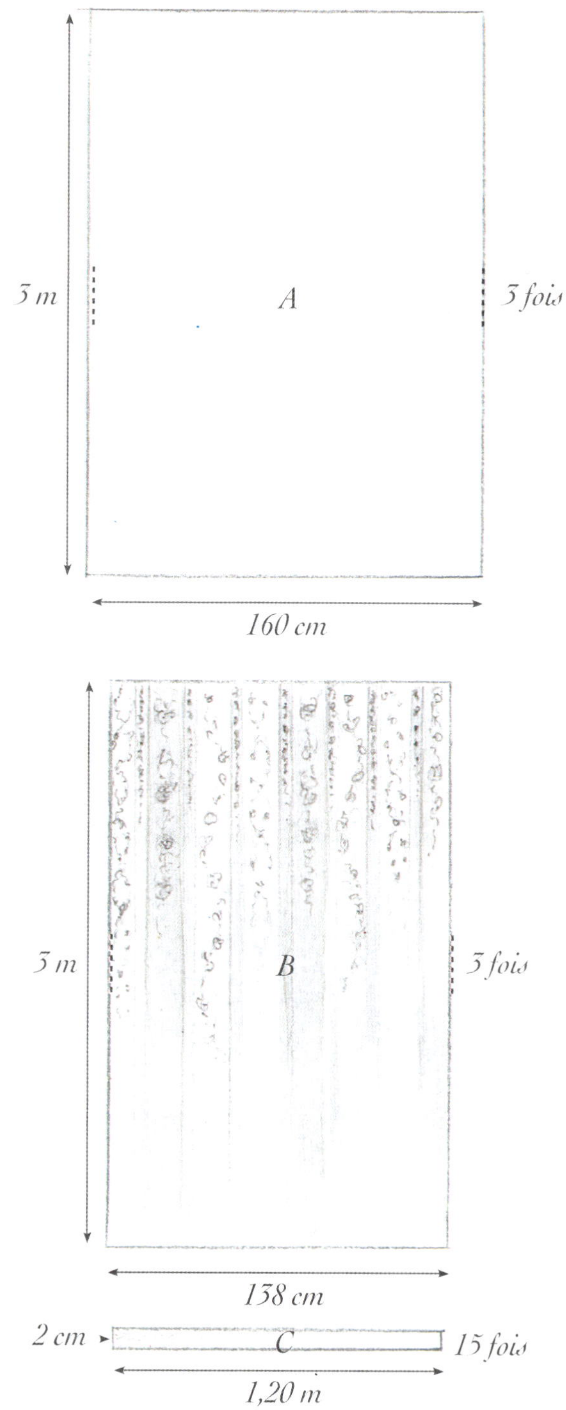

1. Couper :
Dans l'organdi, trois fois 3 m x 160 cm (A).
Dans l'imprimé, trois fois 3 m x 138 cm (B).
Dans le sergé blanc, quinze fois 1,20 m (C).

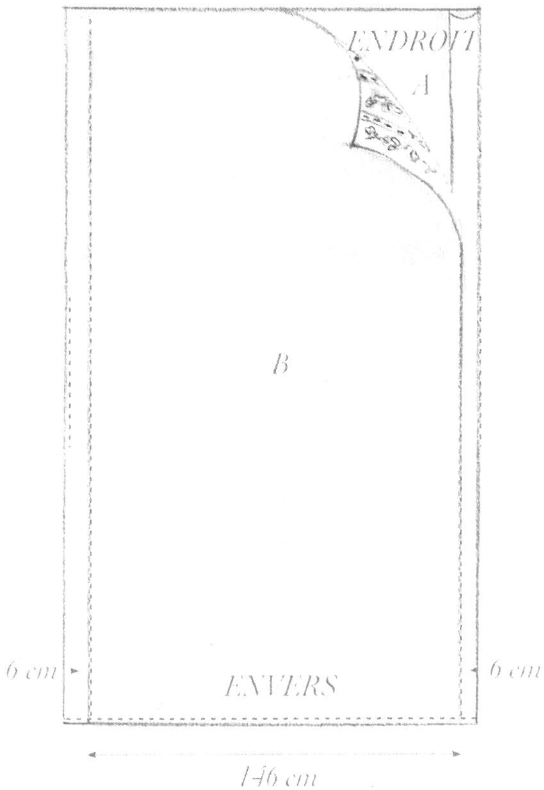

2. Placer, endroit contre endroit, un morceau d'organdi et un morceau d'imprimé. Faire les deux coutures verticales. Repasser les coutures pour faire dépasser de chaque côté 6 cm d'organdi environ. Faire la piqûre du bas.

3. Retourner. Repasser. Faire dans le haut un ourlet de 10 cm en rabattant l'imprimé sur l'organdi.

4. Placer cinq liens par panneau, lien ouvert, en commençant par le bas de l'ourlet et en cousant ensuite dans le haut de l'ourlet. Les liens sont espacés de 31 cm environ.

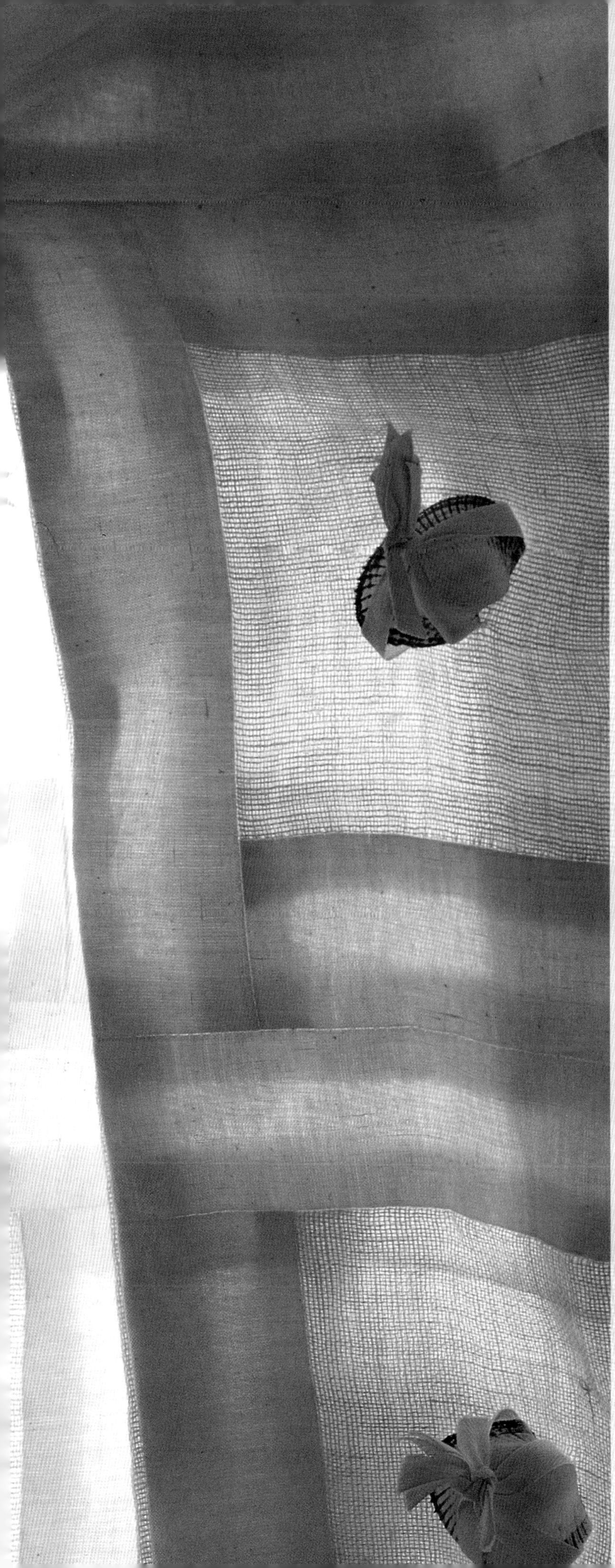

Les portières et les petits rideaux...

Petits métrages employés, collection de boucles de ceinture, coquillages retrouvés au fond d'un tiroir, impossible de les jeter : toutes les folies nous sont permises, les dimensions sont raisonnables ; tout est à portée de main, à portée des yeux. Petit rideau devant une porte qui ne s'ouvre jamais. Petits et charmants, charme et douceur, légèreté et coloris doux, rubans, dentelles. Simples et faciles les petits rideaux !

La salle de bains aux coquillages

Comment réprimer l'envie de ramasser les coquillages sur la plage, tout beaux, tout lavés, brillants d'eau de mer ? Que faire de ces coquillages : un rideau, tout peut faire un rideau.

Quelle agréable vue, à chaque séjour dans la salle de bains, de retrouver ces coquillages posés sur la gaze transparente ; doublure transparente aussi. Petits paquets de nacre maintenus par des petits liens comme des paquets-cadeaux.

Éponge naturelle pour une douche tonique, savon simple, serviettes-éponges blanches et sable, faïence de Malicorne, et raviers de verre à perles.

Toile de mer.

Un carré, un coquillage empaqueté, enrubanné.

Fournitures

Pour deux rideaux de 50 cm de largeur sur 1,04 m de hauteur :

- Gaze de lin en 125 cm de largeur : 2,20 m.
- Toile métis écrue en 180 cm de largeur : 1,40 m.
- Sergé de coton écru :

– en 2 cm de largeur : 7 m ;
– en 1 cm de largeur : 11 m.

- Vingt-quatre coquillages.
- Fil DMC 100 % coton pour tissu épais n° 40, coloris écru.

Réalisation

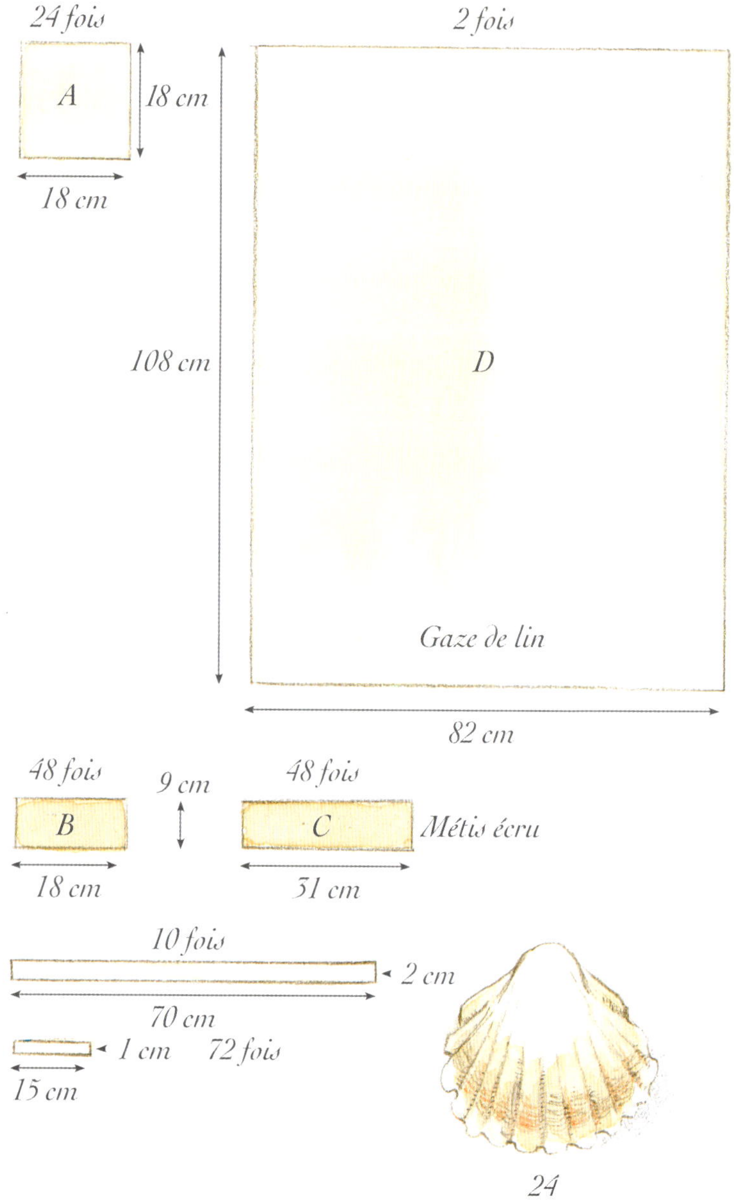

1. Pour les deux rideaux :
Couper dans la gaze de lin :
– vingt-quatre fois 18 x 18 cm ;
– deux fois 82 x 108 cm pour la doublure.
Couper dans le métis écru :
– quarante-huit fois 18 x 9 cm ;
– quarante-huit fois 31 x 9 cm.
Couper :
– dans le sergé en 2 cm de largeur, dix fois 70 cm ;
– dans le sergé en 1 cm de largeur, soixante-douze fois 15 cm pour les vingt-quatre coquillages.

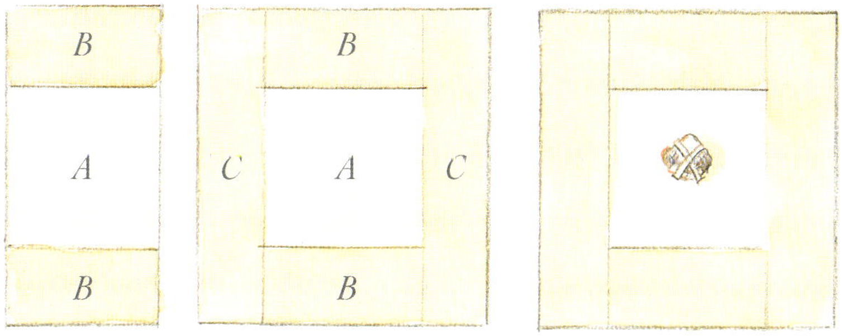

2. Réaliser chaque carré en cousant sur A les deux morceaux B, puis les deux morceaux C.

3. Ensuite, fixer les coquillages : coudre deux morceaux de sergé de 15 cm de longueur, les remonter au centre au-dessus du coquillage, les nouer avec le troisième morceau de sergé.

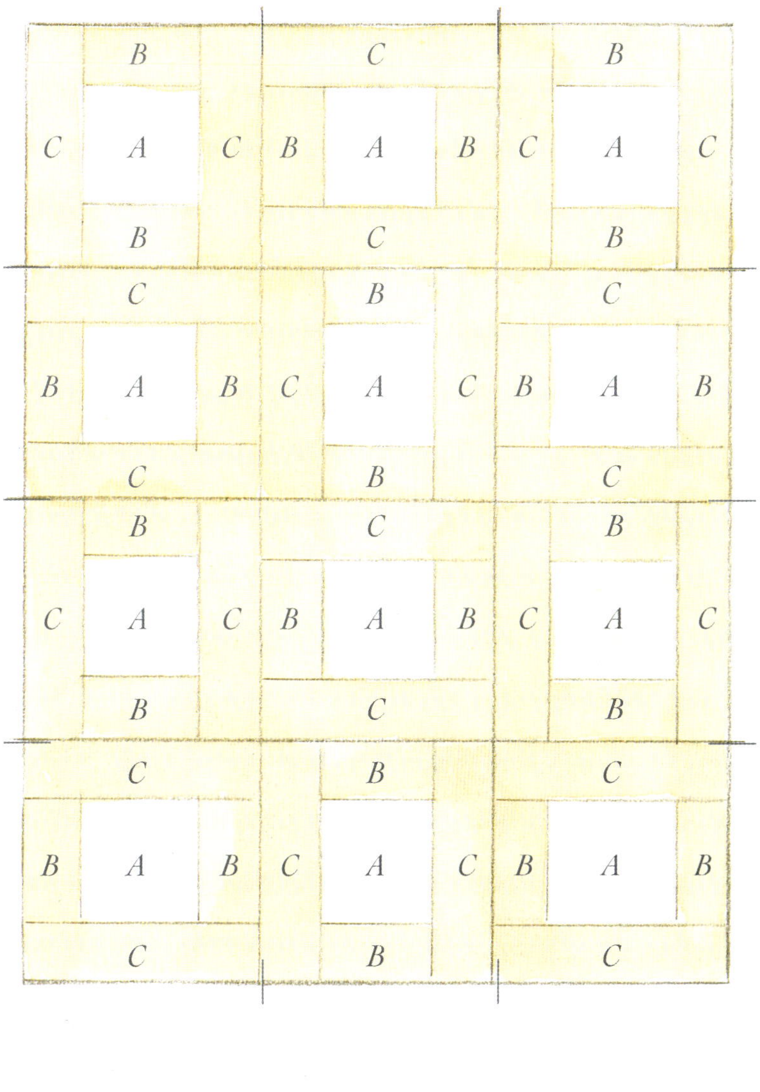

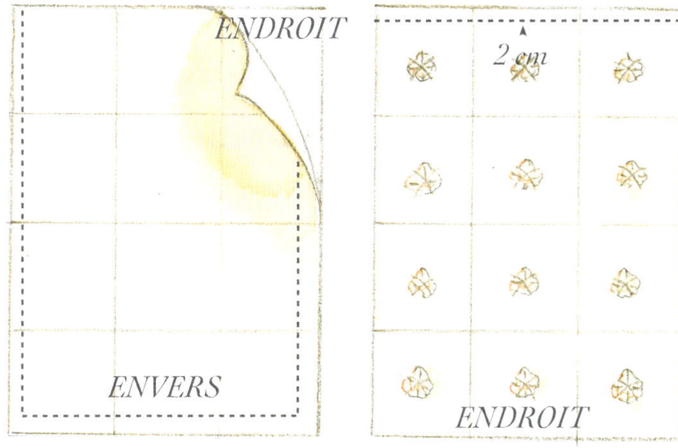

4. Pour chaque rideau, disposer et coudre les carrés selon croquis. Placer la doublure endroit contre endroit, coudre sur trois côtés, en laissant le haut ouvert. Retourner, faire un rentré dans le haut. Piquer tout le long.

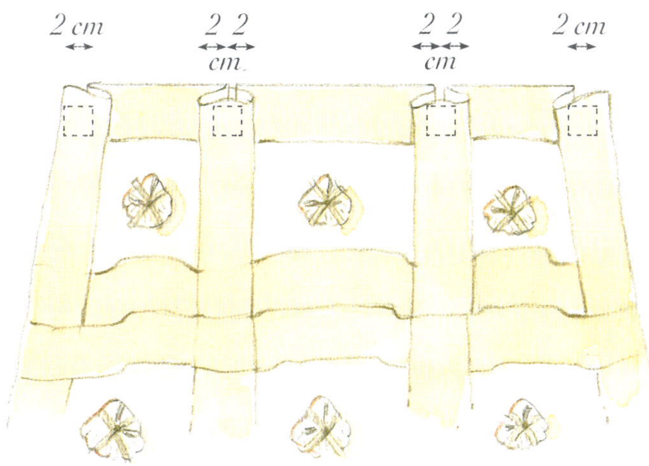

5. Piquer les plis du haut : à droite et à gauche, un pli couché de 2 cm ; et de part et d'autre du coquillage du milieu, un pli plat aussi de 2 cm. Placer les cinq liens.

L'atelier de Marie

Rideau léger se relevant ou pas selon l'humeur, mousseline blanche travaillée en double, et bordée de dentelle ancienne ôtée d'un très vieux rideau. L'atelier est pour les studieuses, la lumière y est importante pour la minutie du travail et le choix des couleurs. La lumière n'est pas dénaturée, simplement adoucie ; la végétation belle, seulement aperçue. La table accueillante regroupe les objets familiers et indispensables pour nos travaux de couture, tout est sur la table devant la fenêtre, les fils, les épingles, le dé, les ciseaux. Certains objets placés dans un plateau facilement emporté dans le jardin... ou dans une autre pièce.
Quelques fleurs pour leur parfum, pour le moral !
Et la coccinelle porte-bonheur !

Mousseline blanche et dentelle ancienne.

Carrefour de dentelles anciennes.

Fournitures

Pour un petit rideau de 1,20 m de largeur sur 2,15 m de hauteur :

- Mousseline de coton blanche en 145 cm de largeur : 4,50 m.
- Dentelle D : 4,50 m.
- Dentelle E : 0,60 m.
- Sergé blanc en 1 cm de largeur : 8,60 m.
- Fil DMC 100 % coton pour tissu épais n° 50, coloris blanc.

Réalisation

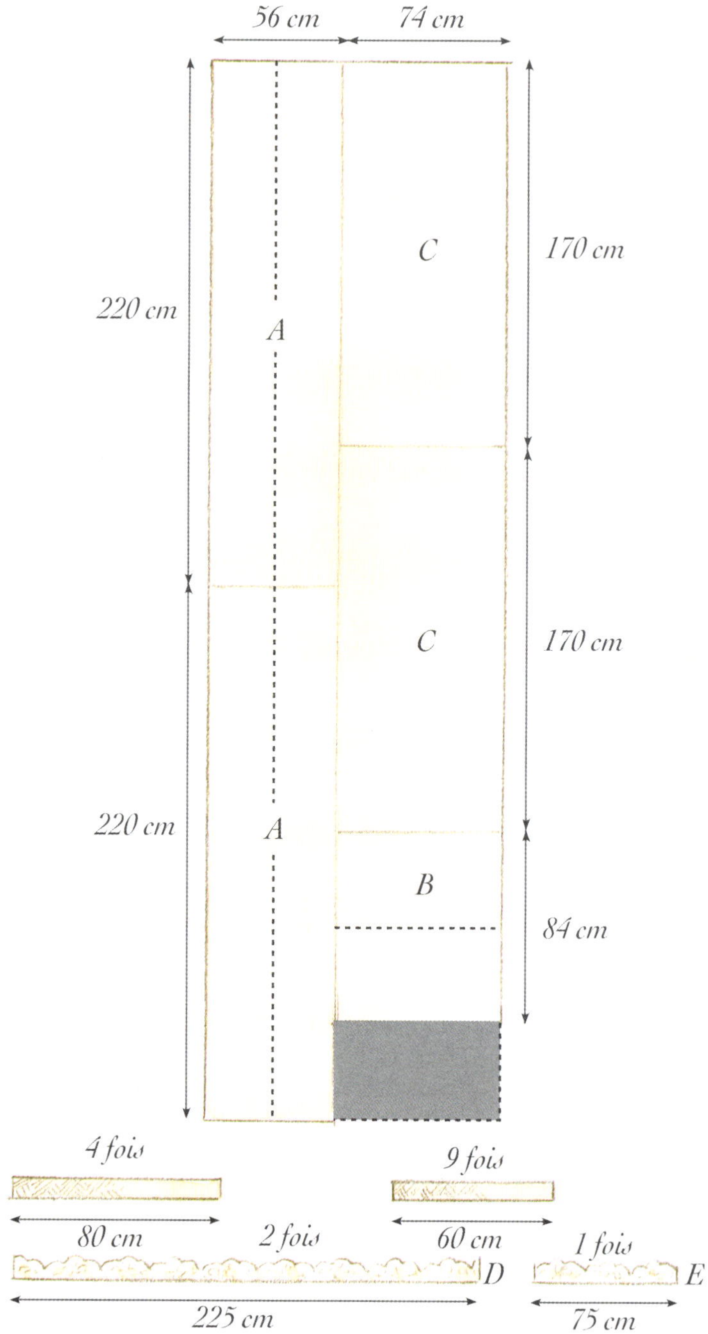

1. Couper dans la mousseline blanche :
– deux fois 56 x 220 cm (A) ;
– une fois 74 x 84 cm (B) ;
– deux fois 74 x 170 (C) pour le rideau du bas.
Couper :
- dans la dentelle D, deux fois 225 cm ;
- dans la dentelle E, une fois 75 cm.
Couper dans le sergé : quatre fois 80 cm, et neuf fois 60 cm.

2. Plier A dans la longueur. Coudre sur deux côtés. Retourner. Coudre la dentelle D d'un côté.

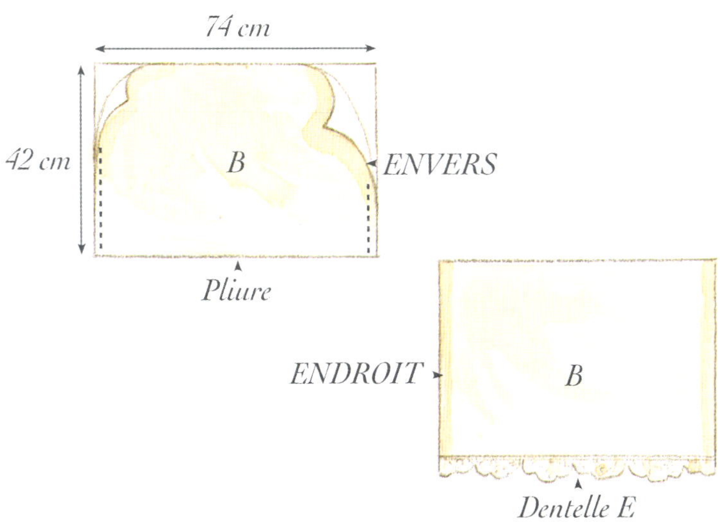

3. Plier B. Coudre sur deux côtés. Retourner. Coudre la dentelle E.

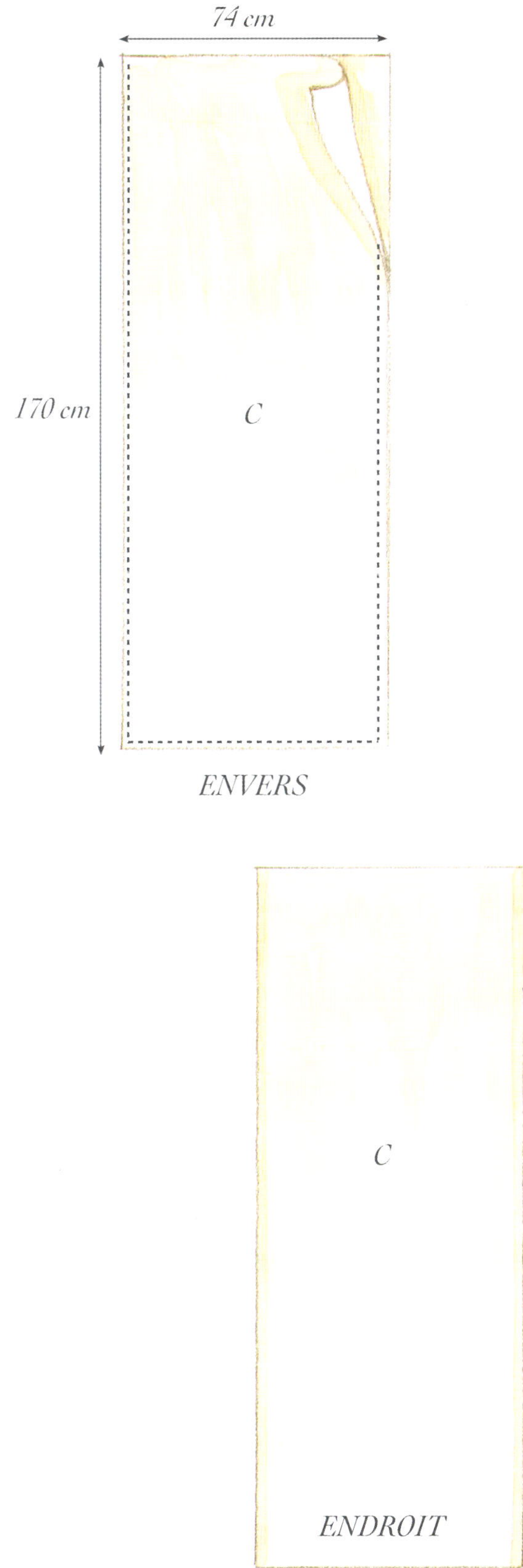

4. Préparer le bas du rideau C en appliquant les deux morceaux l'un sur l'autre, et coudre sur trois côtés. Retourner.

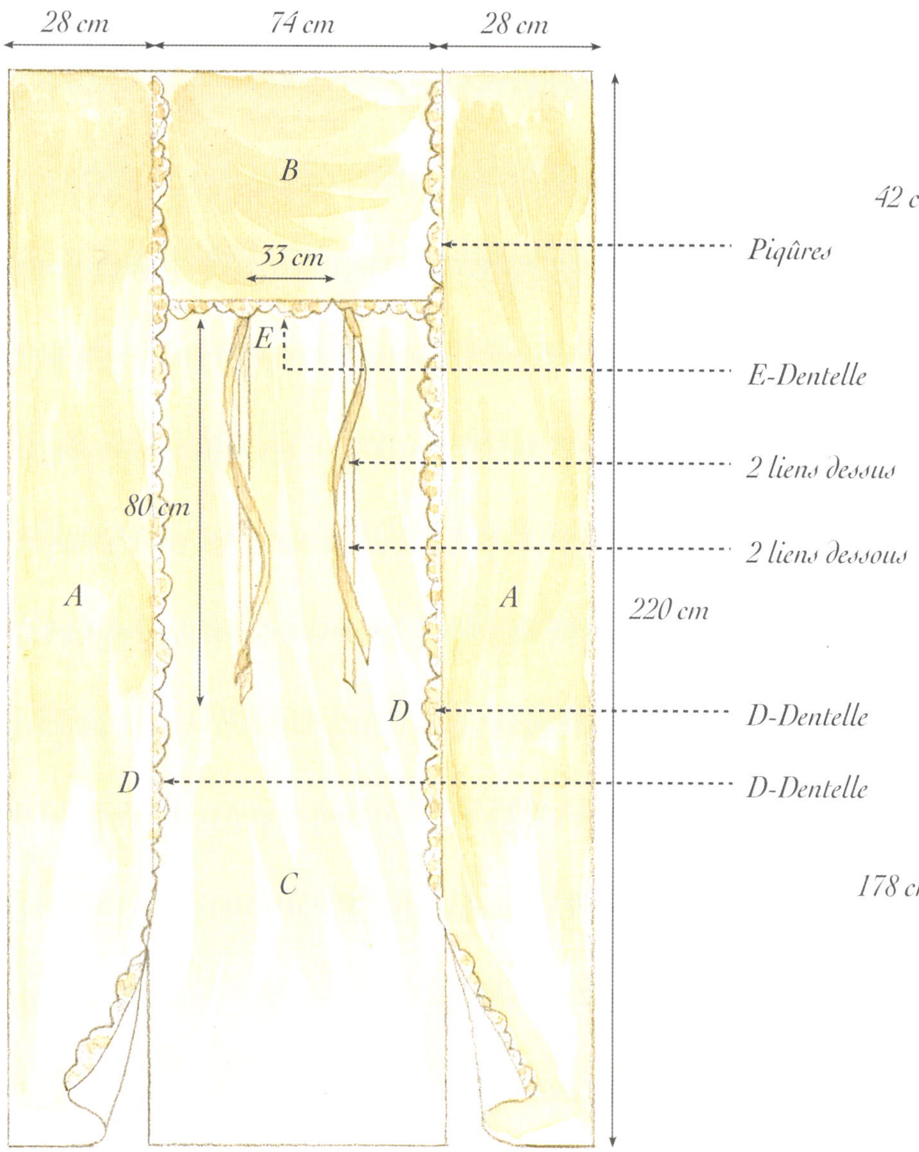

5. Coudre le bas du rideau C sous la dentelle E, en glissant les quatre liens de 80 cm, deux dessus, deux dessous, en laissant au milieu 33 cm.
Placer les deux côtés A sur B et C, et les maintenir avec deux piqûres.

6. Rouler la partie C et la maintenir avec les deux liens de 80 cm.

7. Ourler le haut, placer les neuf liens de 60 cm.

Petit rideau relevé, plissé au creux de la main, et maintenu par deux liens tout fins.

La table aux roses

Quel rideau pour se marier à des bouquets de roses ?

De la soie rose, un jupon ancien de soie délicatement festonné, ourlet finement réalisé à la main à points presque invisibles, quelle finesse, quelle beauté !

Que faire de ce jupon ancien, petite merveille de raffinement, étoffe tellement fragile ? Ce jupon n'a jamais été porté, il n'était pas terminé !

Seulement une couture verticale qui a été décousue avec grande délicatesse.

Une doublure, plutôt un sous-rideau, même un fond de rideau comme un «fond de robe». Donc ce fond de rideau est fait de mousseline écrue, elle aussi très légère.

Les anneaux sont recouverts de sergé de coton, rideau ne coulissant pas, seulement soulevé par le moindre souffle, le moindre vent.

Soie rose et mousseline écrue.

Ourlet posé sur les roses.

Fournitures

Pour un rideau de 1,65 m de largeur sur 0,90 m de hauteur :

- Mousseline écrue en 150 cm de largeur : 1,75 m.
- Soie rose pâle en 175 cm de largeur et 75 cm de hauteur, c'est-à-dire le jupon, plus un petit morceau de tissu rose de 10 cm x 1 m.
- Sergé écru en 1 cm de largeur : 11,20 m.
- Treize anneaux dorés de 5,5 cm de diamètre.
- Fil DMC Tubino, coloris écru.

Réalisation

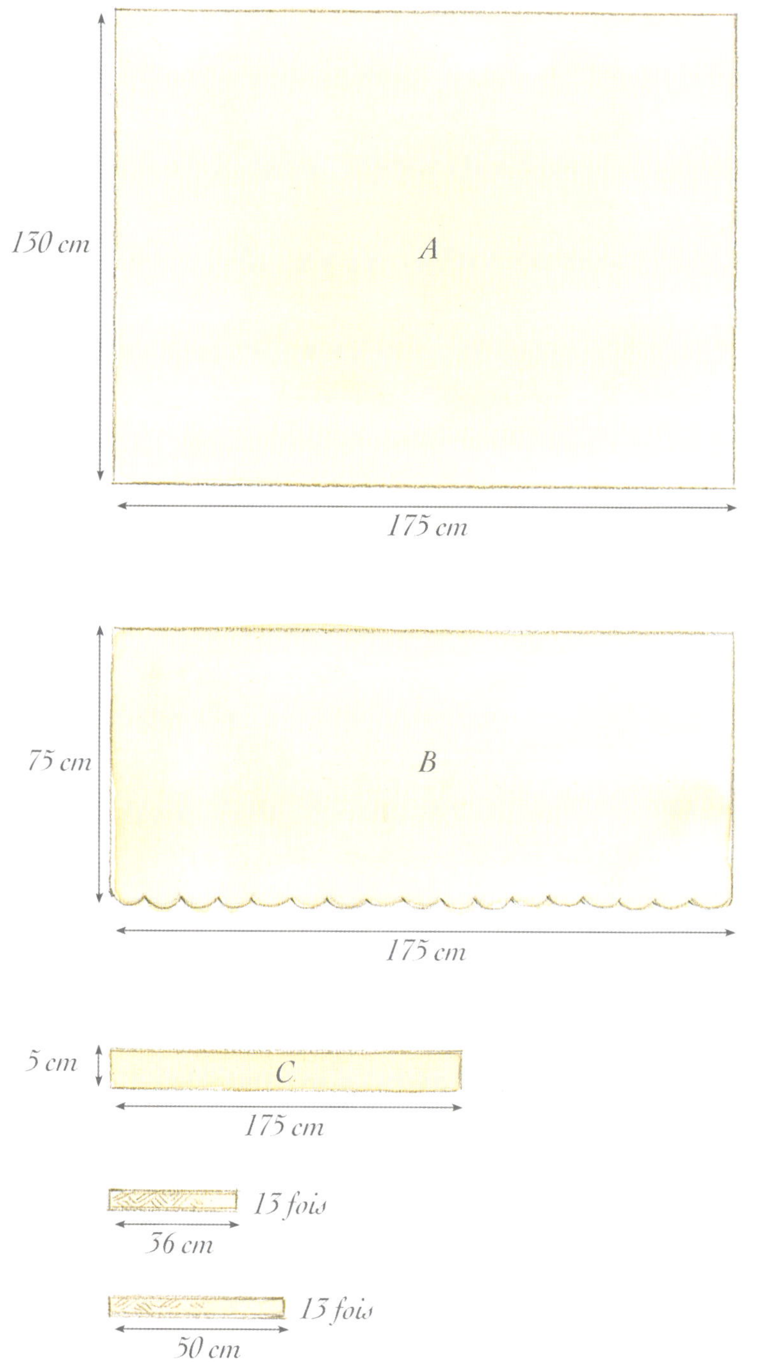

1. Couper dans la mousseline écrue : 130 x 175 cm (A). Prendre le petit jupon de 75 x 175 cm de largeur (B). Couper dans le petit morceau de tissu rose pâle une bande de 5 x 175 cm (C).
Couper dans le sergé en 1 cm de largeur :
– treize fois 36 cm ;
– treize fois 50 cm.

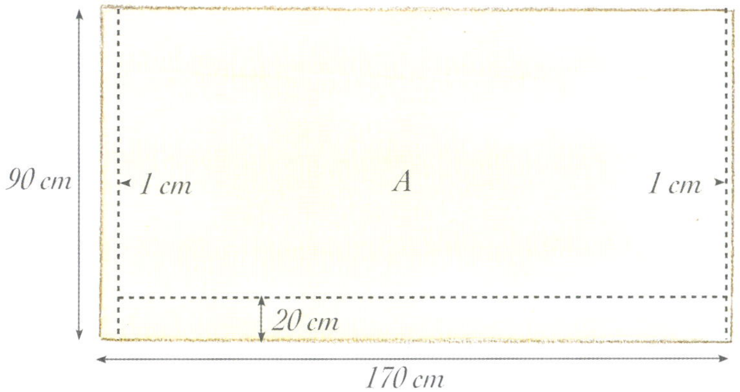

2. Faire un petit ourlet de 1 cm à peine, sur les bords de la mousseline (A), et un ourlet de 20 cm dans le bas.
S'il n'y a pas de lisière sur les bords du petit jupon, réaliser un ourlet de 1 cm à la main.

Anneaux méticuleusement recouverts.

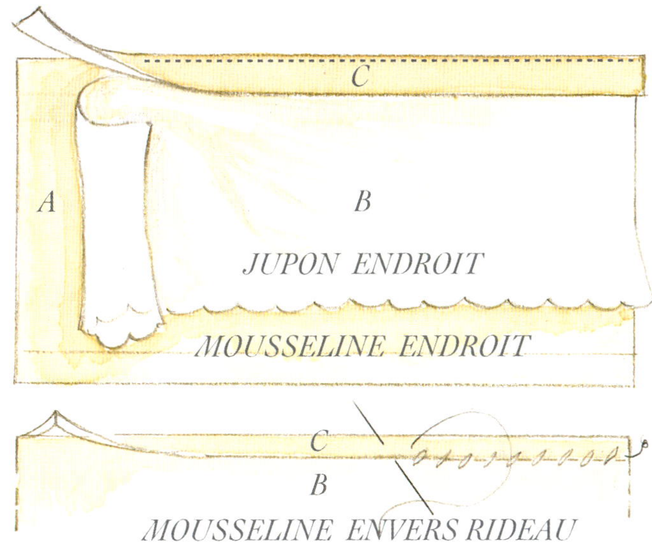

3. Placer le jupon sur la mousseline, envers contre endroit.
Placer sur l'endroit la bande de soie rose de 5 x 175 cm, puis rabattre finement à la main.

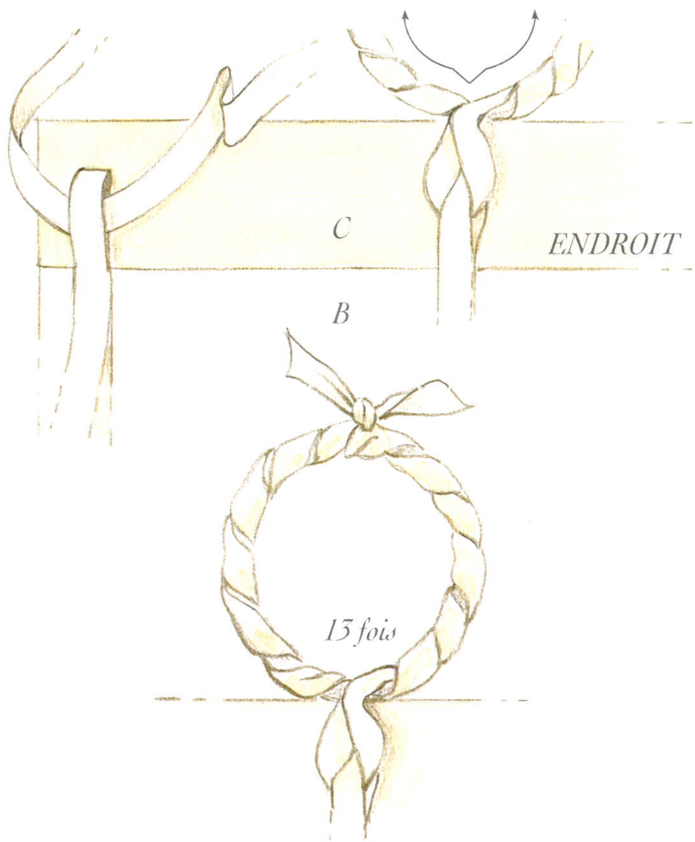

4. Sur l'endroit, prendre un petit morceau de sergé de 36 cm, le plier en deux, y glisser le morceau de 50 cm. Remonter les deux extrémités en les croisant. Faire deux petites piqûres.
Prendre un anneau, le recouvrir avec les deux morceaux de sergé. Nouer au-dessus. Faire ainsi pour les treize anneaux.

La cuisine et la théière bleue

Broderies naïves : oiseaux bleus, feuillages verts et fleurs roses. Point de tige, point lancé : un petit ouvrage d'une jeune brodeuse, travaillé sur lin gris.
Petit morceau d'étoffe brodée, acheté cinq francs un samedi matin sur le marché d'Uzès, place aux Herbes : un devant de cheminée, je pense.
La porte vitrée de la cuisine vient de trouver ses petits rideaux.
Le reste des rideaux sera fait de métis du même gris, coutures cachées par les plis religieuse. Mêmes trois petits plis dans le haut des rideaux. Petite tringle invisible.
Théière aussi bleue que les oiseaux, ou peut-être des oiseaux d'un bleu de théière !
Meuble à tiroirs pour ranger le linge d'office. Coupe de fruits à étages.

Oiseaux bleus brodés sur lin gris.

Trois petits plis pour poser ces oiseaux bleus, brodés par des mains naïves.

Fournitures

Pour deux rideaux de 0,46 m de largeur sur 1,25 m de hauteur :

- Un morceau brodé de lin de 33 cm de hauteur sur 150 cm de largeur.
- Métis gris en 180 cm de largeur : 1,40 m.
- Deux petites tringles de 46 cm.
- Fil DMC 100 % coton pour tissu épais n° 40, coloris écru.

Réalisation

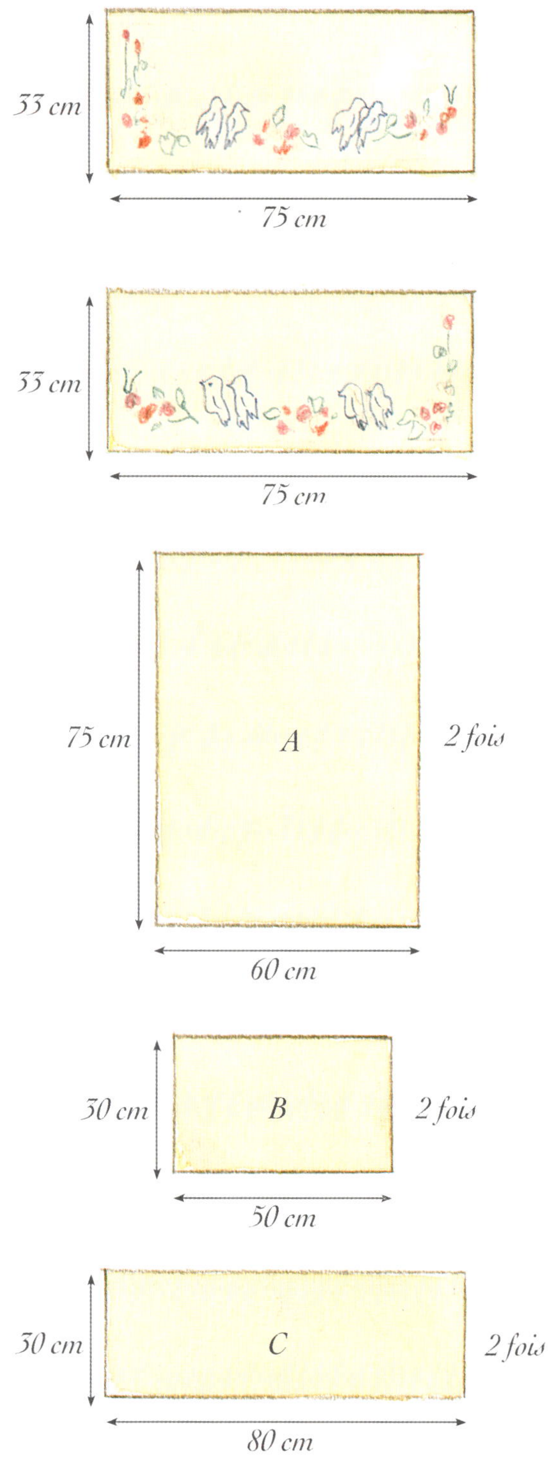

1. Couper le lin brodé en deux
Couper dans le métis :
– deux fois 60 x 75 cm (A) ;
– deux fois 50 x 30 cm (B) ;
– deux fois 80 x 30 cm (C).

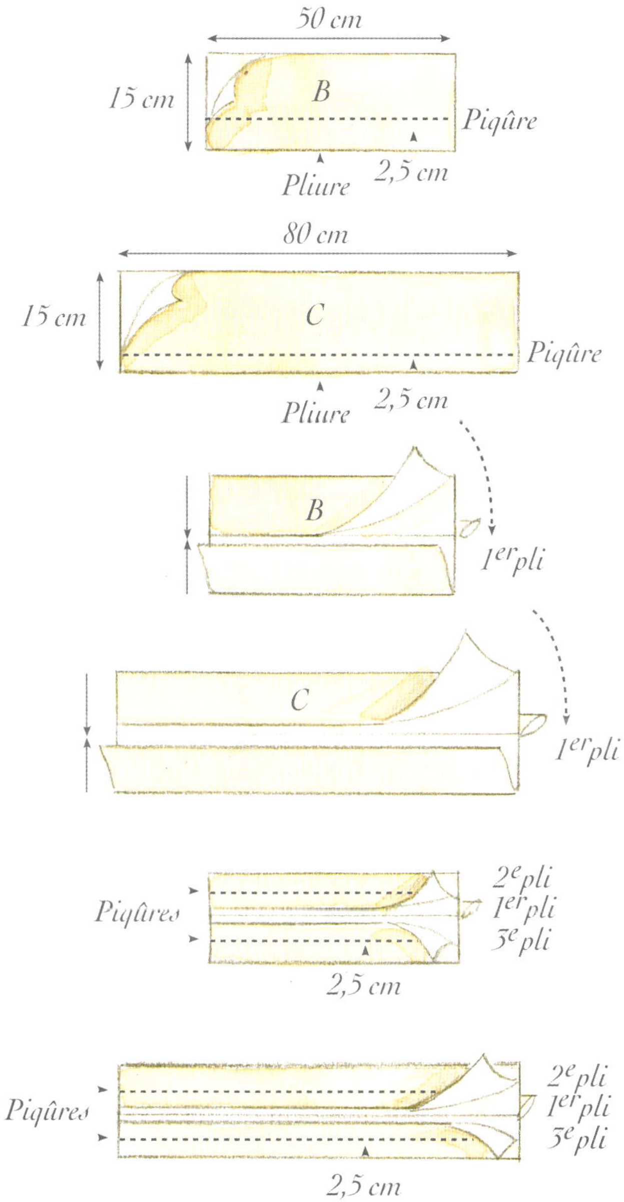

ENVERS

2. Préparer les plis du haut du rideau et du haut des broderies.
Plier dans le sens de la longueur (B et C), et coudre à 2,5 cm du bord pour faire le premier pli.
Replier les deux bords au milieu, et repiquer au bord à 2,5 cm pour obtenir les trois plis.

3. Coudre les trois plis du haut (B) sur le rideau (A) en fronçant à petits plis espacés de 5 cm environ.
Coudre les trois plis du bas en réalisant quelques petits plis.
Coudre la broderie au bas des trois plis (C).
Faire les ourlets des côtés, l'ourlet du bas étant déjà fait.
Faire l'ourlet du haut au ras du premier pli.

Le petit déjeuner

Rideau fixe glissé dans la tringle à rideau, placé devant une fenêtre, ou utilisé en portière devant une porte d'entrée.

Tête du rideau assez rigide, ruban ensaché dans des cercles de métal. Rideau assez lourd doublé du même tissu, une belle toile lourde. Moustiquaire et lit aux linges blancs.

Petit déjeuner préparé sur la petite table, petite nappe bordée de dentelle.

Les boucles de métal peuvent être remplacées par des anneaux de cuivre maintenus, eux aussi, par des piqûres à la machine, et des rubans cacheront de même les piqûres.

Portière jaune et verte.

Boucles et ceintures aux rubans verts sur toile lourde.

Réalisation

Fournitures

Pour un rideau de 1,38 m de largeur sur 2,80 m de hauteur :

- Toile jaune en 140 cm de largeur : 11,50 m.
- Ruban vert pâle en 3 cm de largeur : 3,40 m.
- Quinze boucles de métal.
- Fil DMC 100 % coton pour tissu épais n° 40, coloris jaune.

1. Couper dans la toile :
– quatre fois 2,65 m x 140 cm (A) ;
– deux fois 19 x 140 cm (B) ;
– une fois 39 x 140 cm (C).
Couper dans le ruban vert pâle : deux fois 1,70 m.

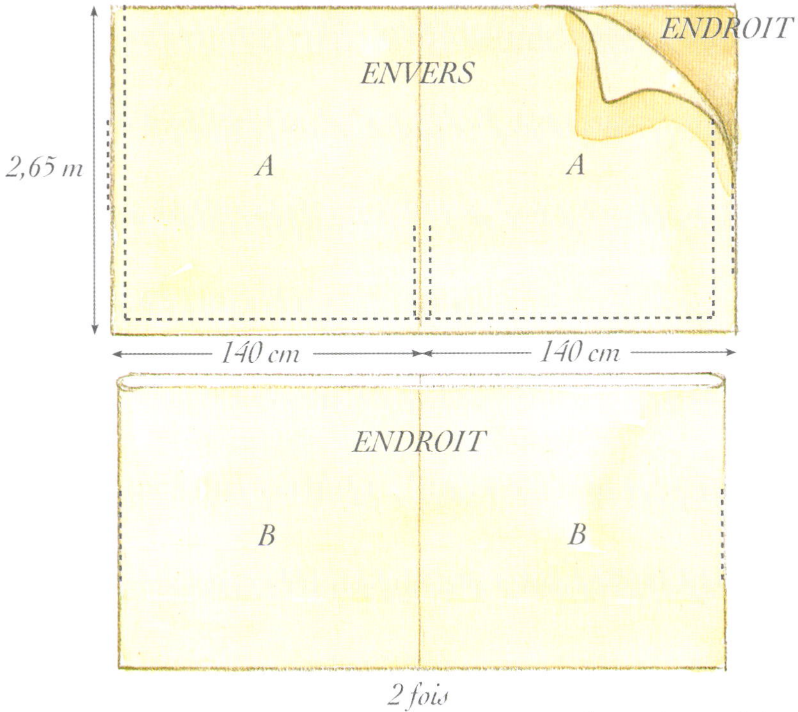

2. Assembler deux fois deux morceaux de 2,65 m (A). Les placer endroit contre endroit. Coudre sur trois côtés, laisser le haut ouvert. Retourner.

Tulle, toile pour la ceinture et ruban vert Uzès.

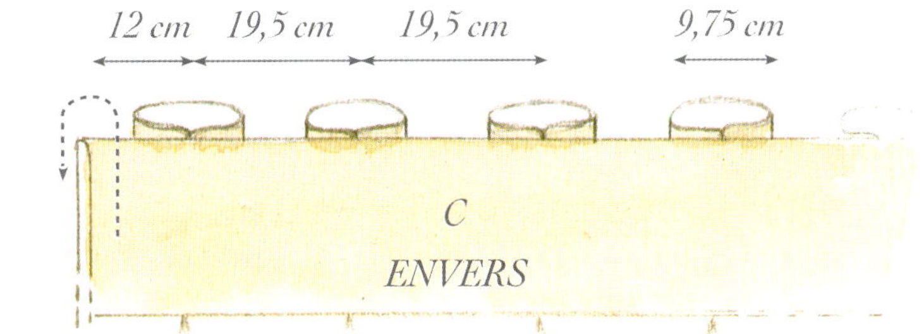

3. Poser la bande du haut (C), endroit contre endroit, en réalisant des plis creux : le premier et le dernier à 12 cm du bord, les autres espacés et profonds de 19,5 cm. On obtient au total sept plis, et six intervalles de 19,5 cm.

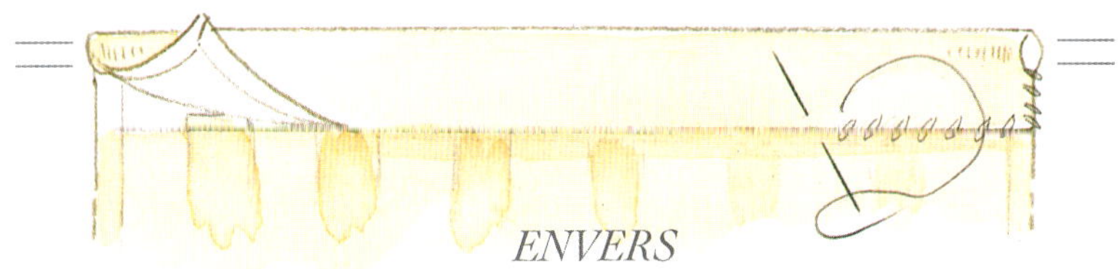

4. Rabattre à la main sur l'arrière, en laissant deux ouvertures pour passer la tringle.

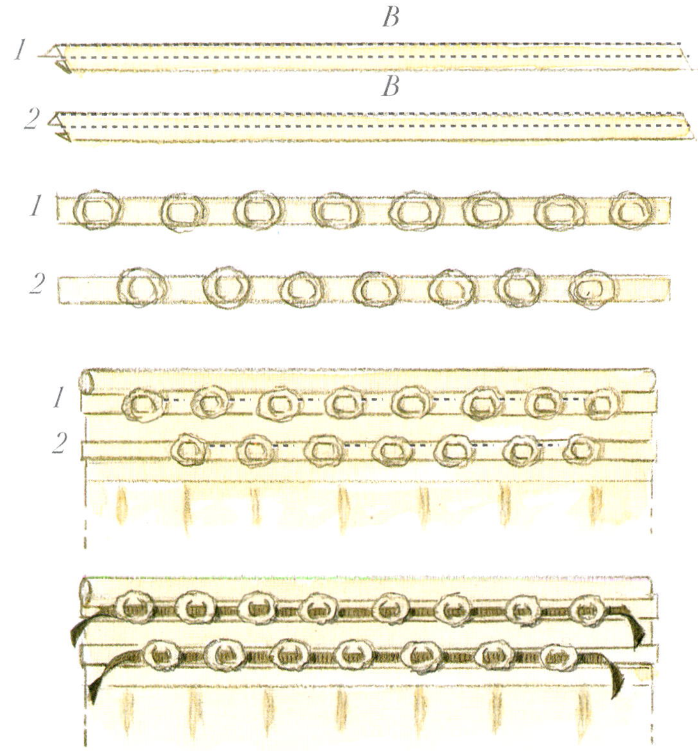

5. Préparer les deux ceintures (B). Y glisser les boucles de métal en les disposant en quinconce. Coudre les ceintures à la machine entre les boucles, et cacher ces coutures avec les rubans verts en les glissant dans les boucles.

Quelques conseils techniques

La coupe est une étape délicate, la réaliser calmement et prendre un peu de temps à la réflexion.

Mesurer au préalable le métrage acheté, ainsi que la largeur du tissu.

Si la doublure n'a pas la largeur voulue, placer la couture au milieu de l'ouvrage et couper sur les deux bords.

Une doublure (en général, un tissu très épais) peut être placée comme la doublure en lin blanc du modèle de la page 77, pour occulter la lumière.

Troquer les feuillages naturels des embrasses par du feuillage artificiel, pour plus de durée ! Réserver le naturel pour les fêtes.

Les coquillages du rideau de la page 103 peuvent aussi être remplacés par tout autre élément trouvé dans la nature : pierres, bois, etc.

Le petit jupon de soie de la page 113 peut être remplacé par un petit coupon de soie ou par un foulard ancien.

Les panneaux de soie de Jean-François Lesage, utilisés horizontalement, permettent, si la fenêtre est plus haute, d'en ajouter un troisième.

Plusieurs petits rideaux peuvent équiper une grande baie – en mettre, par exemple, trois ou quatre ensemble.

Plus les rideaux sont épais, plus ils protègent du froid, du bruit, et même de la chaleur.

L'organdi jaunit au soleil, c'est comme ça. Mais il peut supporter dix lavages en gardant son apprêt.

Tous les ouvrages réalisés ont des ourlets doubles, c'est-à-dire que l'on plie deux fois le tissu sur lui-même.
Par exemple, pour un ourlet de 6 cm, il faut deux fois 6 cm, soit 12 cm en tout, qui sont à prévoir au moment de la coupe du tissu.

Pour les coutures, il n'est pas nécessaire de faufiler, mais seulement d'épingler en plaçant les épingles assez rapprochées, une tous les 10 cm.

Il est préférable de réaliser les ourlets verticaux à la main dans les tissus de soie.

Dans certains modèles, les lisières ont été laissées dans un but esthétique.

Les tissus très fins seront cousus lentement, afin d'obtenir de plus jolies coutures.

Pour que le travail soit plus facile, moduler la grosseur des aiguilles et des fils.

Pour la réalisation, bien suivre l'ordre des croquis pour plus de facilité.

Le nettoyage des rideaux doit être fait de préférence à sec. Si l'on veut les laver, il est préférable de faire des essais avant de coudre le tissu.

Tous les rideaux de ce livre sont ou très amples avec de généreux cassants, ou très peu froncés, presque plats et parfois courts. Tous les modèles sont de mise, toutes les formes sont intéressantes pour habiller une fenêtre.

Rideaux légers ou rideaux épais, on peut poser des rideaux aériens pour l'été, et des rideaux lourds pour l'hiver, qui seront les uns et les autres adaptés à la saison.

Le choix du tissu des rideaux détermine le style du décor. En poussant la porte pour entrer dans une pièce, ce sont eux que l'on voit en premier.

Moins il y a de meubles dans une pièce, plus les rideaux seront majestueux.

Les tringles et les anneaux sont faits de mélanges : tringle de bois, anneaux de cuivre ; tringle de métal, anneaux peints en blanc pour rideaux blancs ; tringle sombre, anneaux clairs.

Les liens aussi sont divers, fins et larges, très longs, très courts, c'est selon : comme on aime, comme on veut. Les mêmes rideaux auront un style différent si l'on change les longueurs.

Je vous souhaite une bonne couture.
Je sais que vos rideaux seront les plus beaux.

Comment broder les chardons

Les chardons brodés en coton noir sur le rideau de L'antichambre, page 41 (voir chapitre 2 : Les toiles lourdes, broderies et lacets), sont inspirés du corsage d'un personnage peint par Georges de la Tour, au XVIIe siècle (*Le Tricheur à l'as de carreau*). Le motif est simplement réalisé au point de croix, qui peut être effectué de deux façons.

• Première méthode : Débuter par une rangée de points inclinés de droite à gauche, puis repasser sur cette rangée avec des points inclinés de gauche à droite.

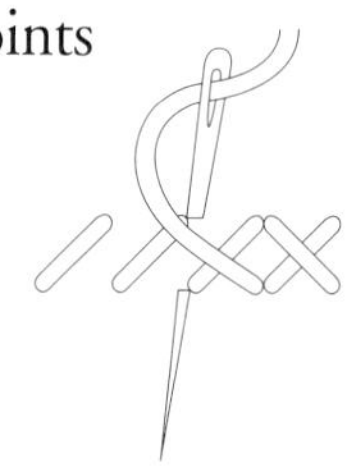

• Deuxième méthode : Faire un point en diagonale vers la droite, puis passer l'aiguille à la verticale sous le tissu et la ressortir pour faire un point en diagonale vers la gauche. Démarrer le point suivant en passant l'aiguille en diagonale vers la gauche sous le tissu, et ainsi de suite.

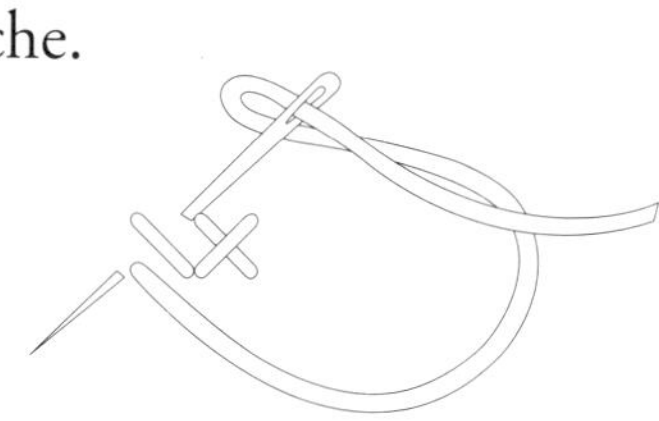

Utiliser du coton à broder Mouliné Spécial DMC coloris noir.

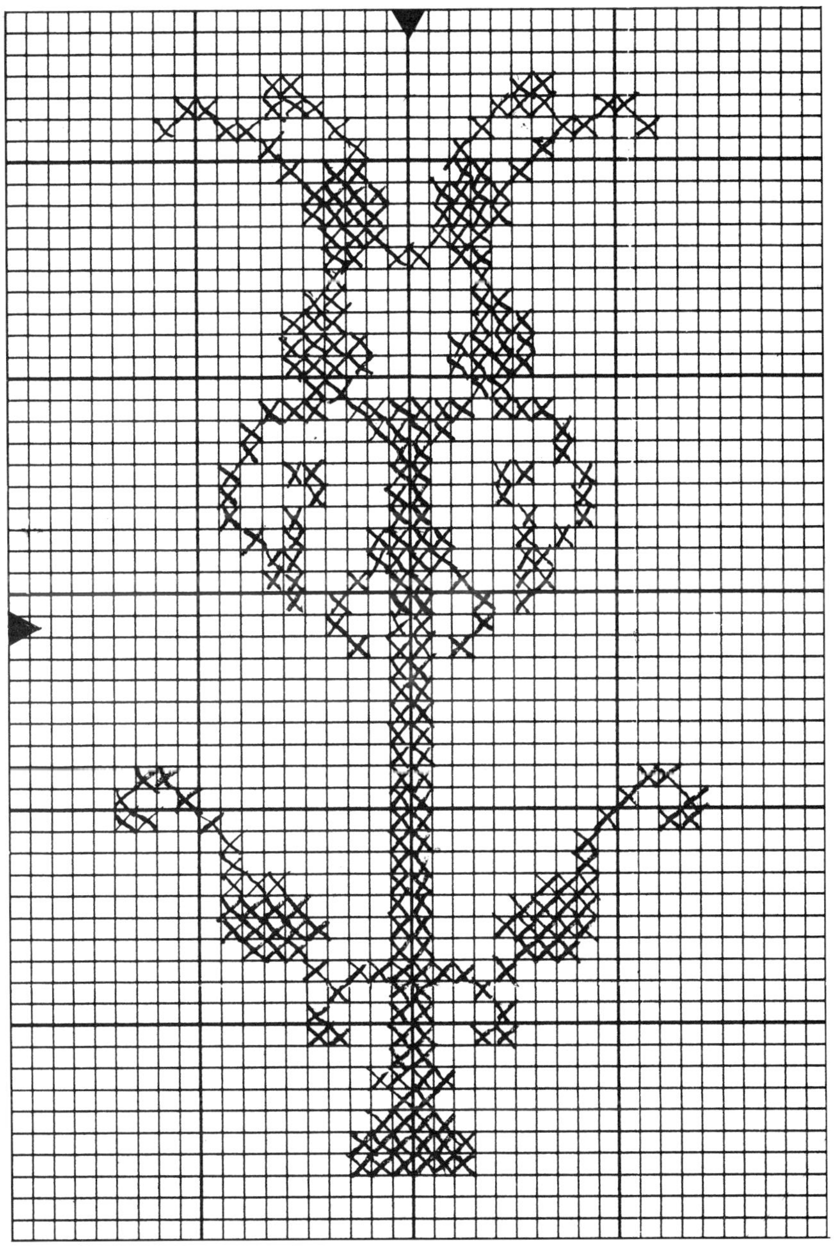

Diagramme des chardons noirs

Références des tissus utilisés

La chambre de Petit Pierre
Organdi

La lingerie
Plumetis blanc

Le bureau de madame
Mousseline écrue
Métis écru

La sieste du jardinier
Mousseline écrue
Lin sable

L'anniversaire
Gaze de lin

L'installation
Métis écru

Les jeux d'Emma
Métis écru

L'antichambre
Métis écru
Toile fine écrue

La chambre improvisée
Lin sable
Mousseline à pois brodés

Le balcon sur la campagne
Lin brodé d'étoiles d'or

Le salon d'été
Taffetas de couleur

Le bureau sous les toits
Taffetas écossais
Lin sable

La salle d'attente
Soie imprimée noir et rouge
Lin sable

Le bureau de monsieur
Soie rayée gris et grège
Toile épaisse écrue

La chambre du voyageur
Panneaux changeants

La salle à manger aux perdrix blanches
Satinette blanche
Lin blanc

La salle à manger pour petit déjeuner
Gaze de lin brodée d'abeilles
Mousseline blanche

Le boudoir
Lin sable
Imprimé de potiches

Le cellier
Toile écrue
Imprimé de fruits

La pièce aux poires
Imprimé de guirlandes de fleurs
Organdi

La salle de bains aux coquillages
Métis écru
Gaze de lin

L'atelier de Marie
Mousseline blanche

La table aux roses
Mousseline écrue
Jupon de soie rose

La cuisine et la théière bleue
Métis bis
Lin brodé

Le petit déjeuner
Toile jaune

Adresses des fournisseurs

Les tissus utilisés pour la fabrication des rideaux de cet ouvrage ont été fournis par les sociétés suivantes :

Bisson Bruneel
15, rue du Mail
75002 Paris
Tél. : (1) 42 21 30 51
Panneaux changeants
La chambre du voyageur, page 71

Bouchara
54, boulevard Haussmann
75009 Paris
Tél. : (1) 42 80 66 95
Gaze de lin
L'anniversaire, page 27
La salle de bains aux coquillages, page 103
Lin blanc
La salle à manger aux perdrix blanches, page 77
Lin sable
La sieste du jardinier, page 23
La chambre improvisée, page 45
Le bureau sous les toits, page 59
Le boudoir, pages 85 et 89
La salle d'attente, page 63
Métis bis
La cuisine et la théière bleue, page 117
Métis écru
Le bureau de madame, page 19
L'installation, page 33
Les jeux d'Emma, page 37
L'antichambre, page 41
La salle de bains aux coquillages, page 103
Mousseline blanche
L'atelier de Marie, page 107
Le petit déjeuner, page 121
Mousseline écrue
Le bureau de madame, page 19
La table aux roses, page 113
La sieste du jardinier, page 23
Organdi
La chambre de Petit Pierre, page 11
La pièce aux poires, page 97
Plumetis blanc
La lingerie, page 15
Satinette blanche
La salle à manger aux perdrix blanches, page 77
Toile épaisse écrue
Le bureau de monsieur, page 67
Toile fine écrue
L'antichambre, page 41

Edmond Petit
23, rue du Mail
75002 Paris
Tél. : (1) 42 33 48 56
Taffetas de couleur
Le salon d'été, page 55

Jean-François Lesage
119, rue Cambronne
75015 Paris
Tél. : (1) 42 19 07 20
Soie imprimée noir et rouge
La salle d'attente, page 63

Maestro Raphaël
Chiodo 161
06049 Spolète - Italie
Gaze brodée d'abeilles
La salle à manger pour petit déjeuner, page 81

Nya Nordisca
86, rue du Cherche-Midi
75006 Paris
Tél. : (1) 45 48 04 05
Mousseline à pois brodés
La chambre improvisée, page 45
Le boudoir, page 85
Le cellier, page 91
La pièce aux poires, page 97
Le petit déjeuner, page 121

Taco Édition
3, rue de Furstenberg
75006 Paris
Tél. : (1) 40 46 94 82
Tous les imprimés (« Verger », potiches, guirlandes de fleurs), ainsi que les toiles jaune et écrue
Chapitre 4 Les doublés, les réversibles, pages 85 à 96

Tissus Jagtar
distribués par Hashbee
70, galerie Vivienne
75002 Paris
Tél. (1) 40 20 90 53
Rayures de soie grises et grèges
Le bureau de monsieur, page 67

Tissus S.A.T.
25-27, rue du Mail
75002 Paris
Tél. : (1) 45 08 07 60
Taffetas écossais
Le bureau sous les toits, page 59

Le lin brodé qui a servi à réaliser les rideaux de la cuisine, page 117, a été trouvé chez un brocanteur.

Tous les rideaux ont été cousus sur machine à coudre Husqvarna
Minitel 3615 HVA
385, rue de la Belle-Étoile
B.P. 60079, 95973 Roissy-Charles-de-Gaulle
Tél. : (1) 49 38 91 11

Les fournitures DMC sont disponibles
dans les merceries, les boutiques Imagine, les grands magasins
et les magasins Loisirs et Création :
87, Centre commercial Euralille, 59777 Lille, tél. (16) 20 51 39 01 ;
Centre commercial La Part Dieu, 17 rue du Docteur-Bouchut,
69003 Lyon, tél. (16) 78 60 05 89.
Pour connaître le nom des distributeurs des produits DMC
dans la région que l'on habite, écrire à :
DMC, Service consommateurs, 13, rue de Pfastatt, 68057 Mulhouse,
ou téléphoner au 89 32 45 28.

Magasins Imagine

15, rue des Belles-Feuilles, 75016 Paris, tél. (1) 45 53 02 61
126, rue de Courcelles, 75017 Paris, tél. (1) 46 22 22 46
87 *ter*, rue Didot, 75014 Paris, tél. (1) 40 44 98 77

Tableau des fils à coudre DMC

Les types de couture	Tissus / habillement / ameublement			Spécifique
	fins / légers	moyens	épais / lourds	cuir, grosse toile
pour **faufiler**	Art. 57 (3 coloris) Art. 59			
pour **faufiler** **assembler** **surpiquer** **faire des boutonnières** **coudre des boutons**	Tubino Art. 623 (251 col.)	Art. 1022 (207 col.) Art. 1004 (62 col.)	Art. 84 (216 col.) grosseur du fil : n° 40 Art. 74 (19 col.) grosseur du fil : n° 40 et n° 50	Art. 1006 (95 col.)

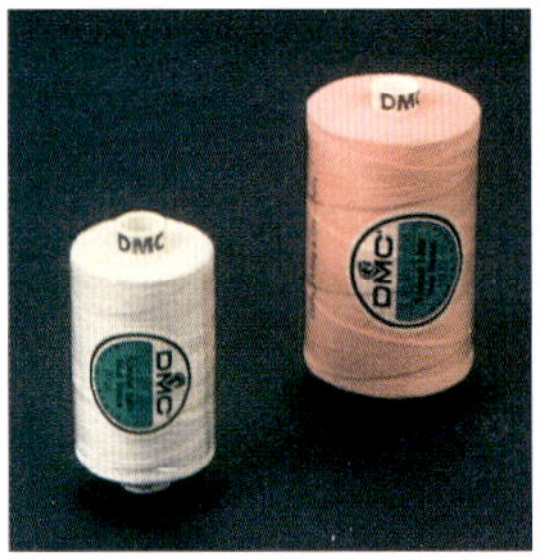

Art. 57-59

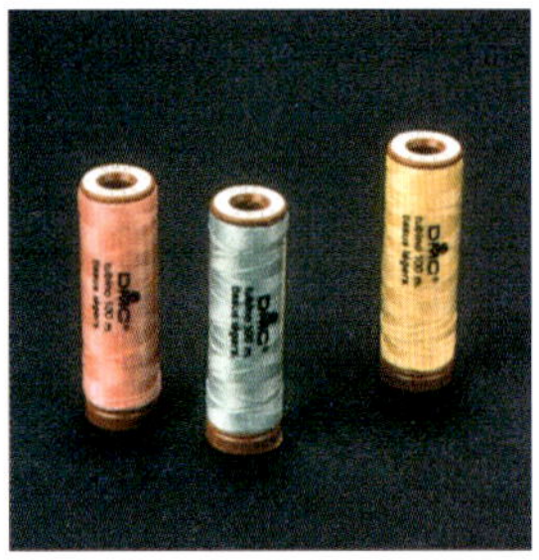
Art. 623

Art. 1022-1004-1006

Art. 84-74

Dans cet ouvrage, l'auteur utilise du fil (en grosseur n° 40 ou n° 50) pour tissus épais ou lourds afin de coudre la toile, mais aussi parfois certains tissus légers comme l'organdi de façon à obtenir un effet de piqûre. Toutefois le fil Tubino, qui est plus fin et qui offre un grand choix de couleurs, peut être utilisé pour piquer les tissus fragiles comme le taffetas ou la soie.

Remerciements

Je tiens à remercier, et j'espère que je ne ferai pas d'oubli,
les sociétés et les personnes qui m'ont aidée et grâce à qui j'ai pu coudre les rideaux de ce livre :

la société Bisson Bruneel, pour les panneaux changeants
la société Jagtar, pour la soie rayée gris et grège
Jean-François Lesage, pour la soie imprimée noir et rouge
la société Maestro Raphaël, pour la gaze brodée d'abeilles
la société Edmond Petit, pour les taffetas aux mille couleurs
la société S.A.T., pour les petits écossais en taffetas
la société Taco Édition, pour les imprimés du chapitre Les doublés, les réversibles

Je remercie Christine Chemel,
qui a minutieusement conçu et brodé les « Chardons noirs » ;
Danièle et Pierre Fournier,
qui nous ont accueillis pendant les prises de vue avec grande gentillesse ;
Élodie Fournier, Dominique Brisset et Manu Barbe,
nos assistants, pour leur patience et leur joie de vivre

J'adresse un grand merci à mon éditrice,
à Huguette Weill et à Françoise Gacon,
ainsi qu'à Christiane Guglielmazzi de DMC

Toutes les photographies de ce livre ont été prises
à Aigaliers, dans le Gard.

Collection « Arts d'intérieurs »

Des idées en papier. Plus de 30 projets à réaliser
par Amelia Saint-George

L' Art du papier mâché
par Juliet Bawden

Broder au point de croix. 45 modèles pour les enfants
par Catherine Allègre-Papadacci

Peindre ses meubles
par Jocasta Innes

La Couleur dans la décoration
par Tricia Guild

Encyclopédie des ouvrages de dames
par Thérèse de Dillmont

Décor sur porcelaine. Les motifs de Meissen
par Uwe Geissler

Les Petits Points de Casa Lopez
par Sophie Pelletier et Bernard Magniant-Lopez

Bestiaire à broder. Avec 5 grilles originales
par Elizabeth Bradley

Quilts et Patchworks
par Linda Seward

Peindre son intérieur
par Judith et Martin Miller

Motifs à broder folkloriques
par Mary Norden

Le Pochoir. Technique et motifs
par Benita Kusel

Le Cristal et l'Orfèvrerie
par Roland Barois, Jacques Mouclier et Marc de Ferrière

La Broderie. Histoire et technique de la broderie libre
par Pascal Payen-Appenzeller

Motifs à découper
par Belinda Ballantine

Broderies romantiques des quatre saisons
par Elizabeth Bradley

La Restauration de la faïence et de la porcelaine
par Guy Sarrauste de Menthière et Frédérique Citéra

Bouquets d'aujourd'hui
par Paula Pryke

Décor sur porcelaine. Motifs de l'Orient
par Dony Karandjoulov-Alexiev

Motifs à broder du Moyen Âge
par Candace Bahouth

L' Ébéniste restaurateur
par François Germond

Tricia Guild. Une décoration naturelle
par Nonie Niesewand et Gilles de Chabaneix

Broder le linge de maison. Les créations D. Porthault
par Églé Salvy

Abat-jour. Avec 8 patrons détachables
par Amelia Saint-George

Décorer les tissus
par Juliet Bawden

Quilts des quatre saisons
par Linda Seward

Le Patchwork. 25 projets d'inspiration traditionnelle
par Diana Lodge

Le Point de croix. 30 projets d'inspiration traditionnelle
par Katrin Cargill

Décorez votre table
par Pamela Westland

Tables de fête. Avec 8 pages de motifs à détacher
par Amelia Saint-George

Décors de Noël. Avec 16 pages de motifs à détacher
par Amelia Saint-George

Décorer sa maison. Des projets pour chaque pièce
par Miranda Innes

Les Quilts. 20 projets d'inspiration traditionnelle
par Diana Lodge

La Broderie à la main. 25 projets d'inspiration traditionnelle
par Katrin Cargill

La Couture dans la maison
par Marie Gouny

Cours de broderie à la main
par Yvonne Van de Velde-Malbranche et Christine Rosenthal

Décorer au pochoir
par Tony Roche et Patricia Monahan

Tables de charme
par Inès Heugel et Pascale Chastres

Tableaux en patchwork
par Janet Bolton

Mini-quilts. Motifs traditionnels pour petits projets
par Adele Corcoran et Caroline Wilkinson

Le Découpage. Avec 64 pages de motifs à détacher
par Jocasta Innes et Stewart Walton

Motifs pour peindre les meubles
par Belinda Ballantine

Compositions florales
par Paula Pryke

Coussins en tapisserie
par Hugh Ehrman

Tableaux en quilt
par Mary Clare Clark

Canevas romantiques
par Candace Bahouth

Pochoirs : cuisine et coin-repas
par Amelia Saint-George

Conception graphique et réalisation : Jean-Michel Coulier
(Olivier Masdoumier pour les légendes des schémas)
Photogravure : Arciel Graphic, Paris
Imprimé et relié en France par Mame à Tours
Achevé d'imprimer en août 1996
Dépôt légal : 3e trimestre 1996
1re édition